神さまのせいにすればいい！

すべての悩みから解放される究極の方法

阿部敏郎
Toshiro Abe

廣済堂出版

まえがき

世の中には、いつも苦悩に満ちた顔をしている人がいます。

「いろいろ悩みが多くって」

「ひとつ解決したと思ったら、また何かしら問題が起きるんだよ」

「心配ごとばっかりで、夜もろくに寝られやしない！」

なんだかとても大変そう。

どんな悩みかと思って聞いてみると、傍《はた》から見れば、なんてことはない話だったり。

でも本人にとっては大問題です。

そもそもこの世の中、「社会」という名の人工的な仕組みでできているから、それに合わせて生きようとすると無理が生じて、悩みが尽きないのも仕方がないのかもしれません。

この世に生を受けたら学校に行かなければいけないし、学校に行ったらいい成績を取らなければ、なんとなく肩身が狭い。学校を出たら働いて食い扶持《ぶち》を稼がなくてはいけないから、仕事を簡単に辞めるわけにもいかない。上司に気を遣ったり、同僚と出世競争をしたり、寝る間も惜しんで仕事に精を出さなければいけないときだってある。ある程度の年齢になれば、結婚だの出産だの子育てだのが待っている。そのレールに乗り遅れたら、それはそれで世間の目ってものが気になってしまう……。

生きている限り、問題は次から次に降りかかってきます。
日本全国、みんなが何かに追われて難しい顔をして、まるで国民総神経症のようです。

だから人によっては「やってられない」と思うこともあるでしょう。こんな社会、生きていく価値がない。真面目にやっててもバカを見るだけって感じる人がいたとしても、仕方がないかもしれません。

見渡してみると、いつでも悩みを抱えて深刻な顔をしている人がいて、そういう人

まえがき

を見ると、「もしかしてＭ？　自分を痛めつけるのが好きなの？」と思ってしまいます。

信じられないかもしれないけれど、実は悩むことが好きだって人もいるんです。

なぜって、難しい顔をして悩んでいると、それはそれで「生きている」って実感がわくから。いろいろ悩んで解決方法を探しているほうが、人生うまくいくに違いない、今より幸せになるはずだって信じている人もいます。

だからと言って、人間は生きている間、悩みがすべてなくなるなんてことはありません。

そこには深い理由があります。

実は、僕たちみんなの心には「お悩み君」が住む部屋がちゃんと用意されているのです。

このお「悩み君」が住む部屋は、カラッポになることはありません。

人間の心は、どんなにうまくいっていても、必ず何かの悩みや問題を見つけるようにできているのです。

僕は悩みから解放される秘訣《ひけつ》は、「お悩み君」を無視すればいい、悩まないことに限ると思うけれど、それも簡単なようで、なかなか難しい。

なぜなら、僕たちは人と関わりながら社会の中で生きているので、どうしても自分と他人を比べたり、人の目を気にして自分を偽ったり、自分ではない何者かになろうとしてしまうからです。

たいがいの人は、「お悩み君」を駆除するために、あの手この手を使うけれども、だいたいが方便だったり、その場しのぎです。それは絆創膏《ばんそうこう》を貼っただけの応急処置に過ぎないし、根本的な救いにはなりません。

＊

本書のタイトルは『神さまのせいにすればいい！』。

もし「神さま」という存在がいるとしたら、人間はもちろん、この世の中のすべてをつくりだしたのは、神さまということになります。

ということは、僕らも含めて、世の中のすべてのものは、神さまの作品ということです。

その作品である「僕」が悩んでいるなら、苦しんでいるなら、もがいてどうしようもなくなっているなら、それは「僕」のせいではなく、悩みを抱え苦しむような〝中途半端な僕〟につくった神さまのせいだ！　……というわけです。

＊

でも、神さまは本当に僕らをそんな中途半端につくったのでしょうか？

この問いの答えは、「自分とは何者か」ということを知ったときに得られます。

自分という「存在への理解」がきちんとなされたときに、神さまは僕らを完璧につくったんだ、ということがわかるでしょう。

僕らがこの社会で味わう悩みや苦しみは、「自分とは何者か」という、自分という存在を理解することでしか解消されません。

その理解ができたとき、悩みはすべては「勘違い」だったと見抜けるのです。

この本では、僕たちが世の中や人生に対してどんな勘違いをして悩んでいるのか、そしてその勘違いから解放されるためには、どうしたらいいのかについて、いろんな角度から提案しようと思います。

それらの方法は、けっしてただの気休めや絆創膏ではないつもりです。読んで納得できたら、笑いだすかもしれません。

もしそんなふうに笑えたら、自分という存在について、ちゃんと理解できたということです。

悩み好きな人にとっては「お悩み君」と別れるのは名残り惜しいかもしれないけれど、そのときにはあなたの中にある「お悩み君」の部屋はもうなくなっていることでしょう。

２０１７年　３月吉日

阿部敏郎

神さまのせいにすればいい！

すべての悩みから解放される究極の方法

第1章

「自分」についての勘違い

第2章

「社会」に根づいている勘違い

第3章

「愛」について陥《おちい》る勘違い

第4章 「人生」に潜《ひそ》んでいる勘違い

第1章

「自分」についての勘違い

もしかして、自信がないって思っている？

そもそも自信ってあったの？

えっ？　あなた、自分に自信がないんだって？

なんだ？　その自信っていうのは。

僕は今までそんなもの見たことがありませんが……。そんなものがどこかに落ちていたり、誰かがもっているって言うなら、一度見てみたいものです。

あとで詳しく説明しますが、この世に「自信」なんてものはありません。

ありもしないものを、みんなほしがって苦しんでいるんですね。もともとないものなのに、なくしたと思っている人もいます。

見てくれが悪いとか、口下手だとか、生まれた家のことを人に言えないとか、いい学校に行っていないとか、人より能力がないとか、いろんな理由をつけて「自信がない」なんて言い出します。

ウチの猫なんか鼻はへちゃむくれで目は目ヤニだらけ、生まれたのは建設現場横の空き地。もちろん頭だってそうとう悪い。

それなのに、自分が猫であることに自信をなくしているかと言えば、全然そんなことはありません。

猫であることに完全にくつろいでいます。

少しは自信のなさを感じてほしいくらいで、もしかしたら我が家でいちばん威張っているかもしれません。

僕なんか気が弱いから、廊下ですれ違うとき、つい道を空けてしまうほどです。だって「オレさまのお通りだ」という感じに廊下の真ん中を悠々と歩いて行きますから。

でもだからと言って、猫であることに自信をもっているふうでもありません。
そもそも自信、ということを知らないみたいだ。
でもそれと同時に、自信のなさというのもないわけです。

大事なことは自信をもつことではなく、自信のなさをなくすことではないでしょうか？

何かの誤解から抱えてしまった自信のなさ。それを解決するのは生きる上でものすごく大切なことだと思います。
そうでなければ「自分の人生」を生きられないからです。

「人真似の人生」を生きていない？

「自分の人生」を生きられないというのは、つまり自分の考えより人の考えを優先してしまうこと。人の考えのほうが重要に思えてしまうということ。

つまり、自分が思っていることを言うのではなく、相手に気に入ってもらえることを言うようになってしまうわけです。

だからいつの間にか、自分の意見なのか、誰かの意見なのか、もうわからなくなってしまう。

その結果、生き方が人真似になってしまうんです。


それは誰の人生を生きているのか、わからなくなってしまうということです。

そうなると、いつも無難に小さな可能性を小出しにして、人の顔色をうかがうようになってしまう。冒険なんてできませんね。

それはそれでいいけれど、もし心の中で「そんな人生はイヤだ！」って思っているなら、変えることはできるのです。


自分を変えたり生き方を変えたりするのは、思うほど難しいことではありません。

ただ「変える」と決めて、今から変わった自分を生きるだけの話。

だって今までの生き方だって、誰かから強制されたわけではないよね？　自分で決めてきたことでしょう？

だったら、これからは違うように決め直せばいいってことです。

あなたが思っている自分はただの「亡霊」

本当のことを言うとね、「自分」という今のキャラは、今までの人生で「自分はこういう人間だ」って決めてきたことの集大成みたいなもので、実際に存在するものではありません。

「自分」というのは、思い込みを束ねた亡霊みたいな存在なんです。

だから、その思い込みを変えて、違う亡霊にしてしまえばいいだけの話。

亡霊なんて言うとぞっとするかもしれないけれど、**実際には誰一人、特定された自**

分というものがいるわけではありません。

誰一人、自分が思うような「あんな人」でも「こんな人」でもない。

瞬間瞬間、まさに今、いろんな考えや感情や行動が現れているだけです。

そしてそれはバイオリズムやいろんなタイミングや、外部で起きている出来事によってどんどん変わっていきます。

社長と会ったときの自分と、社内の床をモップで拭《ふ》いている清掃婦さんと顔を合わせたときの自分はまったくの別人でしょう?

仕事で緊張しているときの自分と、家でくつろいでいるときの自分はまったくの別人でしょう?

友だちと騒いでいるときの自分と、恋人と甘い時間を過ごしている自分はまったくの別人のはずです。

こうやって入れ代わり立ち代わり、みんないろんなキャラを演じています。それなのに、僕らはまるで「一定の自分」がいるような気がしているわけです。

どこかに固定された一定の自分なんてものは、どこにもいない。

だから亡霊だって言うんです。

人生は直線上を進んでいるのではなく、まさに今、起きていることがただ繰り返されているだけです。

どこにも向かっていないし、進んでもいない。

ましてやその直線上を歩いている自分なんて、いるわけがない。

だけど人は自分という者がいて、それが過去から今日まで生きてきたし、今日から未来に向かって歩いていくという構図をすっかり信じてしまったわけ。

しかもたくさんの重荷を背負って、過去を悔やんで明日を心配しながら歩いているのだから、そりゃあシンドくもなるはずです。

でも、それは全部思い込み。全部勘違いです。

人生というのは思い込みの旅路を歩く、思い込みの自分の物語のこと。

そもそも「思い込みの自分」なんだから、自分を「どのように思い込むか」は100%あなたの自由なはずです。

それなのにわざわざ「自信のない自分」という思い込みを選択してしまったわけです。

もしそれが気に入らないなら、今日から変えてしまおう。

たとえ自分を180度変えたつもりでも、周りの人はきっとほとんど気がつきませんよ。

昨日まで陰でこっそり生きていたあなたが、急に表に出てきてはつらつと生きたとしても、人はせいぜい「今日は元気いいな」と思う程度。

それが毎日続けば、そういうあなたになったということで、いずれにしても人は大して気にしないものです。

自信のなさをなくす方法　その1　「自分」は死んだと思う

それではどうやって、自信のなさをなくすか。

いちばんいいのは、昨日までの過去の自分は死んだと思うことです。

最初から亡霊だったたんだから、死んだと思っても同じことだけれど、でもそう思ってみてごらんよ。

律儀にいつまでも同じ亡霊を身にまとって生きる必要なんてありません。いつまでも同じ自分でいなければ、なんてことはないのだから。

今からさっさとお別れしよう。

自信のなさをなくす方法　その2　自分をもっと褒める

それでもお馴染みの「自信のなさ」という感覚が残ると言うなら、もっと具体的なテクニックを伝授しよう。

簡単なやり方だけれど、効果はてきめん。多くの人は、難しく込み入ったメソッドのほうが効き目がありそうだと思うけれど、なんでも本当に効果があるものは単純なやり方だったりするものです。それが次の方法です。

自分がやったことに対して、いちいち褒めてあげること。

たとえば今日の朝8時の電車に乗ってどこかに行かなければいけないとき、その時間の電車に乗って約束の時間に間に合ったなら、褒めてあげるタイミングはいくつもあります。

朝目覚めたとき「偉いぞ、よく目覚めた」。

駅に着いたとき「すごいぞ。決めた通りの時間にやって来た」。

電車に乗ったときも、目的地に着いたときも、そんなふうに自分を承認してあげてみてください。

僕たちは、失敗したりうまくいかなかったときはすぐに自分を責めるけれど、うま

くいったときは当たり前みたいに、いちいち自分を褒めてあげないものです。だから
バランスが悪くなってしまう。
だから今日からはその逆を徹底的にやってみましょうよ。

自信のなさをなくす方法　その3　自己暗示をかける

もうひとつは鏡を使った自己暗示です。
鏡に向かって目の前の自分の目を見て、静かにこう言います。

「あなたはあなたでOKだ」

最初のうちは違和感を覚えるかもしれません。だって今までそう思ってこなかったんだから。
頭の中にはきっと「こんな僕がOKなわけない」とか「無理やり言って何になる?」

という言葉が駆け巡ることでしょう。

でもその言葉も、あなたが持ち運んできた昨日までの亡霊の片鱗《へんりん》に過ぎません。でも妙に説得力があるからつい信じてしまうわけですね。

だけどめげないで続けてみる。

「あなたはあなたでＯＫだ」

言いやすいように表現は自由に変えていいけれど、毎朝、顔を洗うときに鏡を見ながら続けてみてください。居心地が悪いと思ってもそのうち慣れてきますから。

自信のなさをなくす方法　その４　自分との約束は、必ず守る

なんだそんなことかって思う人もいるかもしれないけれど、自分との約束を守るというのは、とても大切なことです。

僕らはけっこう、人との約束は守るんです。なぜかと言うと、人との約束を破ると、いろいろ厄介でしょう!?

あとで文句を言われたり、謝らなければいけなかったり、それでも許してくれなかったらご飯を奢《おご》ってあげなくちゃいけなくなったりってね。

人との約束を破ると、こういうややこしい問題や面倒なことになると知っているから、僕らはできるだけ人との約束は守ろうとします。

でもその一方で、自分との約束はどうでしょう!?

自分との約束を破ったとしても、誰かに怒られることも、文句や嫌みを言われることもありません。だって、相手は自分なんだから。

「明日から早起きしよう」

「今日は休肝日だ」

こんな約束を自分にして、でも守ることができずに今日も昼まで寝て、相変わらずお酒を飲んだとしても、人に迷惑をかけない限りは、あまり気になりません。

「また明日から頑張ろう」で終わりです。

こんなふうに、自分との約束を破っても、一見、問題がなさそうに見えるけれども、実は大間違い。

自分のことが認められない、好きになれない、今のままではダメだと、どんどん自分を責め続けてしまうことになるのですから。


「言ったこと、決めたことはやる」

「できないこと、やらないことは言わない（自分に約束しない）」


自分との約束を守るというのは、自分を認めるということですから、すごく大切なことなんです。

なにも「今年中に起業して、大金を稼いで世界中を豪遊するぞ」とか、そんな大きな約束じゃなくていいんです。

たとえば朝起きたら歯を磨くとか、出かけるときはちょっと身支度を整えて行こうとか、そんな小さな約束からはじめていけばいい。
こういう当たり前のことから、人は変わっていくのです。

まとめ

「自信がない」というのは自分の勝手な思い込みに過ぎない。だったら思い込みを変えてしまおう。その方法はいつでも自分を認め褒めてあげること。

「人の目」って、いったい誰の目？

「人の目」は「自分の目」

「人の目」がすごく気になる人がいるけれど、人の目って誰の目だろう？

「親の目」とか「部長の目」とか特定の人の目が気になることもあるけれど、漠然とした「人の目」って誰の目？

世間の目？

でも世間なんていうのが生きているわけではありません。

不特定多数の目？

ではその「不特定多数」って誰なのかっていう話。

実はね、漠然と感じている「人の目」というのは「自分自身の目」のこと。

世間という不特定多数を想像している自分が、自分のことをいつも見張っているわけです。

何かしようとすると、すぐに「人の目」という姿をした自分のチェック機能が出てきてこう言うんです。

「そんなことしたら世間さまに笑われるよ」
「そんなことしたら大勢の人にバカにされちゃうよ」

この機能は、社会で生きる上である程度は役に立っています。そうでなければ裸で人前に出てしまうかもしれないし、人に迷惑をかけることも平気になってしまいます。
でもこのチェック機能が強くなりすぎて自分を縛りつけてしまうと、悩みが生じてしまうのです。

誰でも相手に自分を映して生きている

そもそも、人はあなたにそれほど関心をもっているものではありません。誰だって自分のことで精一杯なんですから。

多くの人にとっては「あなたがどんな人か」ということよりも、「自分が人からどう見られているか」のほうが切実な問題なわけです。

みんなで同じゲームをやっているようなものです。

みんなそれぞれ、相手の目の中に、自分を映して生きているわけです。

なんだか冗談みたいな世界でしょう?

その通り、実は人生は冗談みたいなものです。

観客を意識しながら一生懸命に演じているけれど、その観客が自分だったという、笑えない話です。

「世間がこう思うだろう」というのも自分の創作です。
「だったらこう生きよう」というのも独りよがりのルールです。
そのルールを守っているかどうかを監視しているのも自分で、守らなかったときに罪悪感を抱えたり、自分を罰したりするのも自分なんです。

何から何まで一人でやっている悲喜こもごもの物語が、人生と呼ばれるストーリーなんです。

この笑えない冗談を腹から笑えたとき、はじめて「人の目」がきれいさっぱり消え失せているかもしれません。

あなたを振り回していた「人の目」が、実は「自分の目」だったとわかると、ちょっとは楽になるんじゃないかな。

人に目を向けるより、自分に目を向ける

僕らは関心のほとんどが、世の中の出来事や人への関心、つまり自分の外側に向いています。だから、バランスを取るために、同じように自分に意識を向けることが必要なんです。でもとくに若いうちは、なかなか自分に意識を向けることはできません。

何ごともバランスです。

自己観察をして、自分はどういう傾向があるかをしっかり把握することは、とても大切なこと。たとえば、

「自分は今、こういうふうに考えているぞ」
「特定の人には、こういう感情を持ちやすいな」
「怒られたときは、こういう反応をするぞ」
「案外、こういうことが好きだったのか」
「実はこういうことが、嫌いなんだ」

ちょっと立ち止まって自分の心の中を検証してみる。自己観察の目をもってみる。

この習慣をもつことは、簡単ではないかもしれません。

なぜって、僕たちは外側の世界に対して、どう対処していくかについてばかり意識を向けているから、外側の出来事に対する観察力はすごくあるけれど、立ち止まって自分を振り返ってみる、自己観察の時間をもつという習慣にはなじみがないからです。

「人の目」の呪縛から解放されたとき、本当の自分の人生がはじまるのです。

まとめ

「人の目」は「自分の目」。自分で自分を見張っているということ。人の目から逃れるために「自己観察」をしてみる。

役立たずのススメ

「人の役に立たなくてはいけない」という勘違い

僕たちは社会的な生き物だから、社会というシステムの中で生きています。そしてそのシステムは、あなたを有能な人材にするために鍛え上げてきました。知らず知らずのうちにジワジワとね。

このシステムを成功させるためには、「生きるとはそういうことだ」とあなたにいっさい疑問をもたせず、そして根っこから信じさせなければいけません。そうでないと反逆者が続出してシステムが機能しなくなってしまうからね。

そしてこのやり方はすこぶるうまくいきました。

義務教育の名のもとで、みんなを一堂に集めて、国語、算数、理科、社会、図工、体育……と勉強させ、そして競わせた。その結果、誰一人それに疑いをもたないまま先に進むようになりました。

しかもあなたの親もそのように育てられて生きてきたから、疑問をもつ人は誰一人いやしません。

そんな中にあって、あなたがこれらのことに疑問をもてる可能性はゼロです。

そうやって育ったから、今でも人間は有能じゃなければいけないって信じているし、有益なことをしなければならないって信じているし、時間を無駄にしちゃいけないって思っています。

だから遊んでばかりいると罪悪感をもってしまう。

仕事をせずに家でぶらぶらしているのは恥ずかしいことで、いい年してニートなんていうのは恥ずべきことだという烙印《らくいん》を押されてしまう。

でも、社会の役に立つことがそんなに立派なことでしょうか？

だとしたら文句を言わずに日夜黙々と生産し続けるロボットや機械は、いちばん生きる価値があるということですね。

それはなんかおかしい。

子どもがあんなにイキイキしているのは、「役に立つかどうか」とか「有益かどうか」なんて考えずに、今自分がやりたいことをやってただ楽しんでいるからです。

結果志向じゃない。

遊んだ結果、何かを学ぼうとか、何かに役立てようとかしているわけじゃない。

「はしゃぎまわって体力をつけよう」なんて目的を持って遊んでいる子どもはいやしません。

遊びそのものが結果であり、楽しむことが目的だから、あんなに無邪気にはしゃぎまわれるのです。

自分はどうしたいのか？

結果や成果を気にしないで、無駄に見えることでも自分がやりたいことをやってごらんよ。

大切なのは、「結果や成果があるかどうか」ではなく、「自分がどうしたいか」を考えること。

「あなたは、どうしたいの？」

この単純な質問に答えられる人は、実は少ないんじゃないでしょうか。

この答えに行き着いたら、命そのものの素晴らしさに触れられるかもしれません。

世の中、もっと役に立たない人間が増えないと、せちがらくてギスギスした社会になってしまうよ。

僕は常々思っているんです。

そんなに人は、何かの役に立たなければいけないのか!?　と。

言っておくけれど、人の役に立つことは、とても大切なことですよ。

でも、順序が逆。

あなたは、あなたがいちばんいいと思ったことをすればいいんです。その結果、それで人の役に立てたら最高だ！　ということ。

それなのに、人間は世の中の役に立つ存在であってこそ、生きる価値がある！　そんな考えをまるで強迫観念のように、みんなもってしまっている。

でもそんなわけない。人は何かの役に立つために生きているんじゃない。

人の存在というのは、そんなことじゃないし、命というのはそんなものではありません。

またネコを引き合いに出すけれど、彼らは誰かの役に立とうと思って生きてないからね。

動物だけじゃありません。赤ちゃんだってお母さんやお父さんの役に立とうと思って、毎日、泣いたり笑ったりしているわけじゃない。


生きるっていうのは、誰かの役に立つためにすることじゃないんです。


生きているっていうことだけで価値があるんだから。

自分が役立たずだからと言って、落ち込む必要はありません。社会のバランスの中であなたが必要だからそこにいるんですから。

「役に立たない」っていうことは、すごく重要なことでもあるのです。

だって、あなたが役に立たないおかげで、役に立てる人もいるわけですから。

あなたが無理にそれをしようとしなくても、得意な人がそれをすればいいということ。喜んでやってくれる人に譲ればいいんです。

それが役割分担です。そのほうが本当は社会はうまくいくはずだよ。

花を見てごらん。誰かのために咲いているわけじゃないでしょう?

あなただって誰かのために生きているわけじゃない。

あなたを通して、神さまがいろんな経験をしているだけのこと。

神さまという名の「大いなるひとつ」の存在は、ありとあらゆる経験をしたくて、無数の人を通してそれを実現しているのです。

役立たずの人生を経験してみたかった、ということなんですよ。


かじるスネがあるうちはいいけれど、いつか生きるために働かなければならないときがくるかもしれない。働きたくなければ、それもいいけれど、きっとお腹が減るだろう。働いてお金を得るしか道がなくなったら、そのときは働けばいい。

大したことじゃないんです。

「社会のために生きる」のではなく「生きることは社会のためになる」

僕たちの中には、実はすでに「人の役に立ったら嬉しい」という本能がインプットされているんです。

それは、生きていることの価値や、命の喜びを感じられるような生き方をしたとき、そのときこそ、人の役に立ったら嬉しいという機能が発現しはじめるということ。

「人の役に立つ」ということは、スローガンとしてもつことではないわけです。

もう少し説明すると、自分らしい生き方をしたときこそ、人に喜ばれるということ。自分の命が輝くことをやり遂げたとき、人の役に立てているということ。

それはまさしく、さっき問うたことですね。

「あなたは、どうしたいの？」

この質問の答えを徹底的に探してたどり着いたとき、僕らは本能として、ものすごく幸せや喜びを感じるのです。

もちろん僕らはネコや赤ちゃんのように生きるわけにはいかないから、学校で勉強したり、仕事をして食べていかなければいけない。大人になって複雑な社会で生きていくのは、ネコよりはちょっとは生きる難しさがある。

大人になる以上、「こうあるべき」、「こうしなければいけない」、「こうでなければいけない」というような、言ってみれば倫理観や道徳観というスローガンを、人生のうちで一回は背負わなければならないわけです。

でも、このスローガンは、社会でなんとかうまく生きるための手段に過ぎないのに、その手段が自分の生きる目的になり、それがすべてになってしまっている。

その結果、「人の役に立たなくちゃ」なんてハードルが高いことに挑戦しようとしてしまっているわけ。

断言しよう。

僕らが「こうしなければならない」ことなんか、ひとつもない。

あなたは生きているだけで、すばらしい。


まず、あなた自身が、喜びを感じられるような生き方をしているかどうか、です。


スローガンは社会の秩序を守るための道具に過ぎません。

道具は使うものであって、使われるものじゃないでしょう?

だから、そんなものにとらわれるよりも先に、**生きていて楽しいと思える人生かどうか、それを考えることのほうが先です。**

自分が生きていて楽しいという喜びを実感するのに、いちいち人の役に立つかどうかなんて、考える必要はない。

自分の好きなことをするのに、最初から世間の役に立つかどうかなんて考える必要はない。

考えなければならないことは、ひとつ。

「あなたは、どうしたいの？」
自分にそう聞いてごらん。

まとめ

「人の役に立つ」ことを考える前に、自分の存在の素晴らしさにまず気がつこう。そのためにも自分に問いかけよう、「自分はどうしたいのか」を。

頑張って努力したら、成長できると思っている？

魂はすでに完璧！　だから成長しない

現状に不満があると、今の自分に問題があるから、この不愉快な状況がつくりだされたと思う人もいます。

そういう人は今よりも有能な自分になれば、悩みが解決できる。努力をすれば、悩みとは無縁な人生を送れる、と思ってしまうようです。だから「今の自分ではない何者か」にならなければいけないと思ってしまう。

「問題を冷静に対処できる自分になりたい」

「この悩みを解決するために、もっと高度な自分になりたい」

でも本当にそうでしょうか？

そうだと信じている人には残念なお知らせだけど、魂そのものは成長しません。

僕らの魂はもうすでに完璧だからです。

さらに、今ほとばしり出ているあなたの命や、目の前の現実もすべて完璧です。

ただ、この完璧さは固定されてはいません。もし「完璧」という固定された状況があるとしたら、それは「死」ということ。

完璧な状態が、展開し続けているというのが真実なんです。

でもそれも、成長し続けているとか、有能になり続けている、ということではありません。

でも、「あなたは成長しません」と言われて、嬉しい人は少ないよね？　あえて言うなら、精神は成長すると言える。

精神性は、社会で生きる上での反応の仕方です。

たとえば、こういうときはこう対処したほうがいいだろうっていう知恵やコツは、いろんな経験をすることで身につくし、どんどん工夫することもできます。

仕事の失敗を上司に報告するとき、上司の機嫌が悪いときに言いに行くより、機嫌がいいときに行ったほうが、ダメージは少ないってことくらい考えるでしょう？　そういう話。

また、気難しい人より優しい人のほうが人に好かれやすいとか、誠実な人のほうが人に信頼されるとか、社会で生きる上で「こういう人格だったら生きやすいな」ということも、どんどん学び洗練されていきます。

そういう知識が蓄えられた結果、精神は成長していきます。

社会的な成功は、魂の成長の結果ではない

でもここでまた勘違いをする人が出てくる。

自分が望むように精神が成長すれば、幸せになれるという勘違いです。

たとえば、精神を鍛えて勉強を頑張って大きな会社に入り、お金をたくさん稼いで家庭をもち、子どもを有名大学に入れて、別荘をもって、孫にもたくさん囲まれて……。

いわゆるこういう「成功者」を、幸せだと思ってしまうわけです。

でもこの「成功者」も、傍《はた》からどう見えようと、相変わらず足りない何かを求めている。そして、日々起こることの煩《わずら》わしさに手を焼いているのは、みんなと同じなのです。

僕らはいかに努力して立派な人にならなければいけないか、いかに頑張って社会で生きなければいけないか、いかに頑張って金を稼いで豊かな生活を目指さなければい

けないか……という教育を長年にわたってされてきたから、どうしてもそれを目指してしまうわけです。

「一生懸命に努力をしたら何かを成せる」と思い込んでいたり、「頑張ったら幸せになれる」という勘違いをしていると、頑張らなければいけない、努力しなければいけない、そうしなければ立派な自分になれない、と思ってしまうんですね。

僕らは、自分ではない何者かになる必要はないし、なることもできない。
どこまで行ってもあるがままの自分があるだけです。
必要なのは、あるがままの自分にくつろぐこと。

でもそれでも「社会的な成功者」になりたいって思う人はいるでしょう?
それでも、「社会的な成功」が幸せだって思う人もいるでしょう?
そういう人はよく考えてみればいい。

それで得られるものは、いつかは失うものばかりだということを。ということは、失わないように努力し続けなければならない悪循環が続くということです。

本当の自分はすでに完璧な存在なんです。

表面的には未熟に見えることもたくさんあるけれど、その奥にある魂は何ひとつ劣っていません。

この理解を得ることこそが、失うことのない幸福感を得ることです。

でももしかすると、この理解はとても難しく、勇気が必要なことかもしれません。

と言うのもそれくらい、今まで自分を否定してきたからです。

あなたの本質は努力しなくても、完璧。

頑張らなくても、最初から完璧。

もっと自分に安心していいんですよ。

まとめ

社会的に成功しても、それは魂の成長ではない。今以上の自分になることが、成長ではない。自分という存在はすでに完璧だと知ることが大切。

罪悪感をもってしまうのはなぜ？

いつだってベストな選択をしている

世の中には、罪悪感をもっている人が多いようです。

親の期待に応えられなかったという思いや、やってしまったことや、やらなかったことへの罪悪感……。

小さい頃に抱えた罪悪感がトラウマになって、大人になってもその影響に苦しんでいる人もいます。

そういう人に対して僕がアドバイスできることは、どんなときでも、あらゆる状況において、あなたがしたことは、そのときあなたがいちばんいいと思ったことだ、ということ。

「そんなことはない、もっと違う選択があったはずだ！」と言う人もいるかもしれません。でもそれを選んだのは、損得や正義感や好き嫌いやあきらめや、そういういろんな要素を瞬時に判断した結果、ベストだと思う選択をしたんです。

そうすることが、そのときはいちばんいいと思ったのです。

あなただけじゃない。どんな人も、そのときどきでいちばんいいと思ったことを選択して、それを精一杯やっている。そのときは、そういう考え方しかできなかっただけなんです。

でも、自分の想像とは違う結果だったり、予想もしていない結果だったものだから、「あのときの選択が間違っていたんだ」、「自分はなんて浅はかなんだ」、「なんでもっとちゃんと考えなかったんだ」と自分を責めてしまうんですね。

罪悪感の多くは、こういう自分の思い込み、勘違いがつくりだしています。

「タターガタ」という真実

さらに深い真実から罪悪感というものをみてみましょう。

「あのひと言を言わなければ、彼女は傷つかなかったのに」とか、「もしああしていたら、あの人は救われたのに」とか、「もっと違う方法だったら、こんな事態にはならなかったのに」とか、「私のせいで」と思ってしまういろんな罪悪感があると思います。

でも、どれもこれも、ことは起きたのであって、そのときあなたがどうあれ、起きることは起きたんです。

釈迦はそのことを「タターガタ」といいました。

起きることが起きる。それ以外は決して起きないということです。

「起きてしまった出来事」と「私がしたこと」を結びつけて、「私のせいだ」と思っているわけだけど、それは違うのです。

面白い話があるので紹介しましょう。

あるとき、キツツキが虫を取ろうとして、大木をコンコンとつついていた。コンコン、コンコン、コンコン……。

そしてあるとき、コーンとつついた瞬間、大きな雷が大木にバーンと落ちて、バキバキと割れた。

キツツキはその瞬間、「ああ！　僕にはこんな力があったのか！」と思った。


この話を聞いて、誰もがキツツキにはそんな力はないって思うでしょう？

僕らはキツツキと同じで、僕にもあなたにもそんな力はありません。

目の前の出来事は、キツツキの力でもあなたの力でもありません。


目の前で起きていることは、僕らの力ではどうこうできるものではないのに、勝手に「自分のせい」もしくは「自分のおかげ」って思っているわけです。

ただ、ことが起きただけ。それだけなんですよ。

悩みは全部、神さまのせいにすればいい

じゃあ、誰がその出来事を起こしているのか？

ずばり言えば、それは神さま。


神さまっていうと受け取り方がさまざまかもしれないけれど、たとえば「僕」や「私」と呼んでいる「自我」を生かしている大もとであり、無尽蔵なエネルギーのこと。

その神さまが、出来事を起こしているわけ。

自我については4章で詳しく説明するけれど、簡単に言うと自分だと思っている「自意識」のことです。

「僕」や「私」という「自我」と神さまとの共同作業で、目の前の出来事は起きてい

るわけです。

それじゃあ、その自我をつくり出したのは誰でしょう？

こともあろうに、自我さえも神さまの作品です。

ということは、何から何まで全部、神さまの現れということになります。

だから、あなたが何をしようとしまいと、目の前の出来事は、淡々とただ起きているだけなんです。

それなのに、わざわざ自分を苦しめるような思いをもつ必要はないじゃない。

目の前の出来事に、いちいち自分がつらくなるような思いをもつ必要はないんです。

でもそれでも、あなたが罪悪感を抱くような出来事があったのなら、そして大きな悩みを抱えているのなら、それはあなたのせいじゃない、神さまのせいだということ。

たとえば、自分が未熟で出来損ないであるばかりに人を苦しめてしまったと思うのなら、こんな出来損ないの自分をつくった神さまが悪いということ。

「僕みたいな、こんな中途半端なものをつくるな。責任を取れ！」って思えばいいんです。

こんなに僕を傷つけて、大事なあの人も傷つけて、神さまが完璧なら、もっと完璧な僕にしろ！　って、そう思えばいいんです。

そんな考え方は思い上がりだと思う人もいるかもしれないけれど、でも事実、神さまの現れによって「自我」というあなたが出来上がっているわけで、「自我」と神さまの共同作業の結果、目の前の出来事が起きているわけです。

すべては神さまの作品なのです。

にっちもさっちもいかず、ただただ苦しいときは「アンタのせいだ！」って神さまにケリを入れてやればいい。それでスッキリできるなら、神さまだって許してくれるよ。

これはある意味、究極的な真実です。

最新の脳科学でも、人が何かを意図する瞬間、その直前にその意図がすでに機能していることが証明されています。

やっているのは「自分」ではないのです。

でもそう言ってしまうとすべては終わってしまうので、本書では「自分」を主体にして話を進めることにしましょう。

まとめ

悩みをつくり出す罪悪感は「自分がやった」と思っていることが原因。それをしたのは「自分」ではない。そんな「自分」も含めて、ことは起きている。

優越感をもっている人

誰もが自分は特別だと思っている

あるとき、男の人が会社の同僚や上司をどうしても尊敬できないって相談してきたことがありました。よく聞いてみると、尊敬できないどころじゃない、はっきり言って見下しています。

「なんで上司のくせに、こんなこともできないんだ」
「社会人だったらそれくらいできて当たり前だ」
「なんて仕事ができないやつなんだ!」

そうやってバカにしているから、ついぽろっと態度に出て上司と気まずくなったりしているわけです。

そのときは大人げない自分を反省したりするんだけれど、でも優越感は捨てられません。

「僕はあの上司みたいじゃない。自分のほうが上だ」と思っているわけです。

こういう自分への理由なき優越感というのは、その瞬間は自分が心地よくもなるけれど、どんどんその人を孤立させていく。気がついたら一人ぼっちになっている。まあそれは普通に考えたら想像つくでしょう？

いつも上から目線で対応されたら誰だって「お前は何さまだよ」って思うのは当然です。

でも、優越感をもっているのは、その人だけではありません。

あらゆる人の中に優越感はあります。

外に出すか出さないかというだけで、あらゆる人は、心の中で自分は特別だと思っているのです。

昔、僕があるセミナーをやっていたとき、20人ぐらいの参加者がいました。その中に20歳ぐらいの若者がいて、その人はいわゆる意気地がない男でした。おどおどしてうまくしゃべれない。自分を表現できない。その場にいるみんなが、彼のことを情けないいやつだと思っていた。つまりどこかで見下していました。

でも、せっかくセミナーに来たんだから、そんな彼も立派になってくれたらいいな、なんてちょっと上から応援する気持ちだったんです。

そして最終日。最後にみんなで「ありがとうございました」と言ったとき、その若者が「僕はみんなに隠していたことがあります」と急に心を開いて語りはじめました。何を言い出したかと言えば「僕はこの4日間、みんなのことを見下していました」って言ったわけ。

みんな「どっひゃー!」。

でもこれが世の中であり、これが人間なんです。

優越感と劣等感は表裏一体

あなたが誰かを見下しているように、あなた++だって誰かに見下されているんです。

と言うのも自我は人を見下すようにできているから。

自我は、「全体から自分が切り離された」という感覚をもっていて、それが欠乏感をつくり、その欠乏感が劣等感として現れるのです。

そして、劣等感と優越感は、表裏一体のものです。

最初に紹介した僕に相談に来た男性は「(優越感をもっているから)人を見下してしまう」と言ったけれど、それは違う。優越感があるから人を見下しているんじゃない。

劣等感があるから、人を見下しているわけ。

優越感と劣等感は、どっちかだけでは存在できません。同じひとつのものだから、劣等感だけをもっている人も、優越感だけをもっている人も存在しない。みんなどっちももっているということ。

そして、劣等感が強ければ強いほど、その分だけ強い優越感をもっている。

さらに言うと、優越感と劣等感は、入れ代わり立ち代わりに出てきます。

優越感も劣等感も、あなただけがもっている汚い心でも、卑しい行為でもない。当たり前にみんながもっているもので、悩むことでも解決しようとすることでもない。

ただ、それを外に表現しなければいいだけ。それが生きていく知恵なんです。

まとめ

優越感は劣等感の裏返し。一方が強くなればなるほど、もう一方も強くなる。でも誰でももっているものだから、なくすことでも悩むことでもない。

個性も能力もない、面白くもない自分の扱い方

あなたがそれを認めていない

僕たちは一人ひとり、そのままで完璧なんだって何度も言っているけれど、取り立てて自慢できるようなものがない自分は、カンペキなわけないって思っている人もいます。

「際立った個性がないけれども、本当に完璧なんでしょうか」とか「抜きんでた能力があるわけでもないのに……」と言う人がいる。

周りに認めてもらえるような個性や能力、特技がなければ、自分は価値がないって思ってしまっているわけです。

そして、自分はどこにでもいるその他大勢の一人であり、無力な存在だって勝手に

思い込んでしまっているんですね。

でも、個として存在しているものには、すべてに個性があります。

それなのに個性がないって思ってしまうのは「個性っていうのは、こういうものじゃない」、もしくは「個性はこういうものだ」っていう勘違いがあるからです。

「あの人はいつも周りを明るくしてくれる」とか「彼はとても行動的で頼りになる」とか「おっちょこちょいだけど、そこがかわいい」とかね。

そういう際立ったわかりやすさを、個性だと思っているわけです。

誰にだって個性はあるのに、結局はそれを認めていないってこと。「こんな個性しかない自分ではダメなんだ」と否定してしまっているのです。

あるがままの自分に許可を出す

自分をそうやって否定してしまう原因は、やっぱりどこかで、誰かの役に立たなきゃいけないという価値観が刷り込まれて染みついているからでしょう。

何度も言うけれど、役に立たなくていいんですよ、あなたは。

「何を言ってるんだ！」って、すごく違和感をもつかもしれないけれど、本当のこと。

誰の役にも立たなくてもいいし、あなたが望んでいるような個性なんて、なくていいの。あなたはいるだけで完璧なんだから。

誰かの役に立たなきゃいけないって思いがあると、自分を否定してしまうし、それがどんどん悩みをつくってしまうわけです。

ひと角の人物になりなさい、立派な大人になりなさいって、ずっと学校や家で言われてきたから「このままではいけない」と思ってしまう感覚は、相当な根深いものがあるんでしょう。でもこれは全部バカな勘違いなんですよ。

中国の思想家に荘子という人がいますが、彼は「無用の用」という言い方をしています。「無用」という役に立たないということが常になければ、役に立つというものは存在できないと。だから、役に立たなくてもいいってね。

老子・荘子の老荘思想のユニークなところは、役に立たないということの大切さを教えてくれていることです。

役に立たなくてもいいということは、自分自身を生きればいいということです。

自分は人から褒めてもらえるような個性があるかどうか、人の役に立てるかどうかなんてことを考えるより、**まず僕らがすることは、あるがままの自分でいいと、自分自身に許可を出すことです。**

誰かの役に立つとか、人を喜ばせるというのは、自分の人生を生きた結果です。

お金がない人は、お金に頼らない生き方を見つけたらいい。

お金がある人は、好きなことに使えばいい。

嫌いな人が目の前にいるなら、その人とどうつき合うか工夫してみたらいい。

仕事に追われているなら、どうやっつけたらいいかと、ゲームだと思えばいい。

そういうところに、自分なりの個性が出るのです。その個性に正解も不正解もないんだよ。

まとめ

役に立つ自分になろうと思うから、今の自分を否定する。人の役に立つ能力をもつことより、まず自分を生きることを考える。

感性を磨く知識を身につけるために

「生きている知識」と「死んでいる知識」

今は大学を受験するのは当然のような社会になっているし、小学受験や中学受験も珍しくなくなってきました。

でも社会に出て必要な知識なんて、中学1年か2年ぐらいまでの知識で十分じゃないだろうか。もっと言うと小学校までの知識でもいいくらいだと思っています。立身出世した人物の中には、中学までしか出ていない人もたくさんいます。

僕らがもっている知識には2種類あって、ひとつは自分が興味をもって自然に身についた知識。

もうひとつは、覚えなければいけないから覚えた押しつけの知識。

多くの場合、学校の勉強は後者になるけれど、実はそれは自分の人間性や感性をどんどん破壊してしまいます。

記憶力に頼っていやいや覚えた知識は、自分の感性を鈍らせてしまう。一方で、自分が本当に好きで得た知識は、感性を高めてくれるのです。


衝撃的なことを言うと、いやいや覚えてきたものは、その人の人生には不要なものなのです。

歴史が嫌いな人は、歴史なんていらない。理科が嫌いな人は、理科なんていらない。星が好きなら天文に興味をもつかもしれないけど、空を見ても星座に興味がない人だってたくさんいるでしょう。そういう人に言わせれば、何座だっていいよ、何光年だっていいじゃん、全部星じゃん！　という話なわけです。

本当に好きで、自然に覚えたことは、その人にとってはただの知識ではなくて生きた教養になる。そこには学校で嫌いだった歴史や理科の知識がいつの間にか含まれているかもしれません。

そうやって苦もなく学ぶことが、人生を豊かに生きていくための知性になります。それこそが自分を活かす知識です。

でも僕たちはいつの間にか有用な情報でなければ価値がない、役に立つ知識でなければ意味がないと判断してしまうのです。

感性を高める知識とは

生きた知識は、自分の感性を輝かせてくれるものです。

そしてその感性というのは、理屈ではありません。役に立つとか、何か利益をもたらすかどうかで判断するものではありません。

これまでそうやって教育されてきたので、自分にとって何が必要なことか、何が自分を輝かせることなのかは、そう簡単にはわからないかもしれません。

でも思い出してみてください。

あなたは小さい頃、目の前に紙とペンがあれば、自然と絵を描いていたでしょう？

それは自然な行為だったはずです。

でも、大人になってそうしないのはなんででしょう？

それは小さい頃、誰も褒めてくれなかったからかもしれない。人と比べてヘタだと思ったからかもしれない。誰かを感動させる絵でなければいけないと思ったからかもしれない。そして自分にとって絵を描くことは意味がないって思ってしまったからかもしれない。

いずれにせよ、そうやって僕らは、自然にやっていたことを「意味がない」、「無駄」だと決めつけて、その喜びや楽しさを忘れてしまうのです。

なんだか自分の好きなことは取るに足らないもののような錯覚を起こし、自分の好きな知識を得る感性を鈍らせてしまった。

そして気がついたら「僕は何が好きなんだろう」なんていうことになってしまった。

自分で意味がないと思っていることや、役に立たないと思っていることをやってみればいい。

その中から何か思い出すことがあるかもしれないし、楽しさや喜びを感じるかもしれません。それこそがあなたにとって必要なことです。

でも気をつけなければいけないのは、「感性を育てよう」、「もっと鋭い感性を得よう」なんて考えないこと。そう思った瞬間に、今度は「感性は役に立つものだから」なんて理屈をこねはじめてしまうのですから。

まとめ

いやいや覚えた知識は感性を鈍らせる。役に立たないこと、意味がないと思うことの中に、好きなことが潜んでいるかもしれない。それが感性を輝かせる知識につながる。

第2章

「社会」に根づいている勘違い

仕事とは何か、わかっている？

ビジネスは人のニーズに応えるということ

まず割り切って考えなければいけないのは、仕事というのはお金を稼ぐことです。お金が関係なかったら、それはビジネスと言いません。

だから仕事をする限り、いかにお金を得るかを考えなければいけないわけです。会社の場合を考えてみるとよくわかるけれど、どんな会社も、まず何をどう売るかを考えます。何をしてお金を得るかということですね。

そして組織の場合を考えると、チームワークによって目標金額が達成されるのか、あるいは個々の能力を高めることによって達成されるのかはそれぞれだけれど、どんなに立派な組織でも、どんなにリーダーが人格者でも、目標金額を達成しなければ失格です。
「いやあ、本当にうちの社長、いい人だなあ」と思っても、売上がなくて会社がつぶれたら、それはいい社長ではありませんよね。

お金儲けというのは、人のニーズを満たさなければできません。そうではない仕事は、けっして長くは続かないでしょう。

ビジネスを継続的に発展させるためには、なんでもいいからとにかく人のニーズを満たさなければならないというわけです。

お金儲けというと、浅ましいとか卑しいとか考える人がいるけれど、世の中のニーズを満たして満足させることなわけだから、すごくいいことだし、そしてそれはすごくシンプルなはずなのです。

なぜそれをするのか？　目的を曖昧にしてはいけない

人のニーズを満たすものってなんでしょう？

商売をはじめようとしている人なら、誰だって考えるはずです。でも「それがわからないから難しいです」という言葉もよく聞きます。

人のニーズがわからないのは、自分を満たしてこなかったからです。

だから、人を満たす方法がわからないのです。

これまで、自分に喜びや楽しさを十分与えてきましたか？

自分にとって何が必要なのか、ちゃんと考えたことがありますか？

だいたいの場合、人は自分のことをなおざりにしているんです。自分のニーズがわからないから、人のニーズもわからない。人の何を満たしてあげればいいのかがわからないのです。

だから、仕事をする動機がみんな曖昧《あいまい》になってしまう。

なんのためにそれをするのか、それは誰も教えてはくれないから、自分で考えるしかありません。だからビジネスセミナーなんて、いつの時代も大流行ですね。

「目的を明確にしよう」

そういう言葉を聞いたことがあるでしょう？　ビジネスだけじゃなくても、何か目標を達成したいと思ったら、まずはじめに考えることです。それを考えることはたしかに成功パターンと言えます。

なぜかと言えば、目的というのは、その人がそれをやりたいと思う動機だから。

物ごとが成就《じょうじゅ》するときに大切なことは、「なぜそれをしたいか」という「ＷＨＹ」が98％は占めていると思っていい。

たとえば、ダイエットしたことがある人は多いでしょう？　ダイエットの本を買ってきたり、エクササイズのＤＶＤを買ってきたり、サプリメントを飲む人もいるかもしれません。

それでもたいていの人は長続きしない。だから世の中には手を替え品を替え、いろんなダイエット方法が現れては消えていきます。

ところが、もしその人にすごく好きな人ができて、3ヶ月後の夏、一緒に海に行こうって誘われた。水着にならなきゃならない。こんなブヨブヨでいいのか⁉　相手に気に入られるためにももっと痩せたい！　そう思ったら、その人のダイエットは成功するでしょう。

だって目的が明確だからです。「痩せた自分を見て、好きになってほしい。きれいだって思われたい」という切実な目的があるからです。

目的をはっきりさせることが、どれほど大切かというのは、それが行動を変えるからなのです。

仕事の目的が明確になると不満はなくなる

同じように考えてみたら、今、あなたがやっている仕事も、取り組み方は大きく変わるのではないでしょうか。

それがたとえば「有名になりたい」とか「ちやほやされたい」とか「目立ちたい」とか、なんでもいいんです。

「人気者になりたい」と思って仕事をする人は、周りにそつなく振る舞って、笑いを絶やさないよう工夫をするでしょう。

「とにかく出世すること」と思っている人は、多少の苦労も覚悟するはずです。

仕事に対して不満をもつ場合は、「なんのために仕事をしているか」という目的がはっきりしていないから生じるわけです。

目的がなかったら、何をやっても面白くないだろうし、やり甲斐もないし、毎朝出勤するのさえ面倒臭くなるだけです。自分を満たすものがないから当然です。

ちなみに、「WHY」が98％だと言ったけれど、残りの2％は「HOW」、つまり方法です。

たいていの人はこの「HOW」を98％にしてあれこれ考えているから、先に進まないのです。

もちろん「ＨＯＷ」の２％も侮《あなど》れないけれど、「ＷＨＹ」の98％がどんどん明確になって固まってくると、不思議なことに今まで見えなかった「ＨＯＷ」の２％が見えてきます。

ニーズに応える必要性がわかればわかるほど、ああしよう、こうしようというアイデアが出てくるわけ。

そうなれば、もう不退転の覚悟だって生まれてくる。そういう気持ちはさらに意識を変えるし、新しいアイデアやヒントを引き寄せるというわけです。

まとめ

「なぜその仕事をするのか」という「ＷＨＹ」をとことん考えてみる。するとどうすればいいかという「ＨＯＷ」も自然に見えてくる。

仕事に誇りは必要なのか？

ほとんどの仕事はコンピューターにできる

自分の仕事に誇りがもてないって言う人がいます。やりたかった仕事じゃない、やってみたら仕事がつまらない、僕じゃなくてもできる仕事だから、価値が見出せない……など聞けばいろいろな理由が出てきます。

でも、僕に言わせれば、そもそも仕事なんてそんなものです。

今、世の中にはいろんな仕事があると思うけれど、世の中が進化するにつれ、ほとんどの仕事はコンピューター、あるいはロボットに取って代わられるでしょう。

オックスフォード大学の研究結果によると、アメリカでは10～20年後、総雇用者の47％の仕事が自動化されるとしているし、また２０１１年に小学校に入学した子どもが大学を卒業する頃には、その65%が現在にはない新しい職業に就《つ》くことになるという話もあります。

コンピューター化される仕事というのは、流れ作業のような単純作業の仕事を指しているわけではありません。

たとえば、一般的な会社では、新入社員はたぶん肉体労働のほうが多いでしょう。コピーを取ったり荷物を運んだり、届け物をしたり……。それは仕事を覚える最初の段階だから仕方がないとしても、僕はそういう作業がコンピューター化されると言っているのではないんです。

今、人が判断、決裁、決定している仕事すらもコンピューター化されるでしょう。

つまり、部長や専務という上級職の仕事すらも、人工知能などのコンピューターに取って代わられるのではないかと思っています。

そう言うと、部長なんかは怒るかもしれないですね。「僕の仕事をナメてるのか！ひとつのことを決裁、決定するのは、サイコロで決めるんじゃないんだぞ。今までの経験はもちろん、その時々の状況判断も必要だし、現場を観察しなければならないこともある。人物の見極めも不可欠だ。そういういろんなことを考慮して、やっとひとつの決断が下せるんだから、コンピューターにできるわけがないだろう！」ってね。

でもそういう部長に、僕はこう言いたい。

「本当に、正確に判断できたの？」

部長は人間だから、状況に応じてその人の感情や観念、歪《ゆが》んだものの見方が決定に大きく影響するのは当然です。

そう考えたら、その人の決定がベストかと言えば、必ずしもそうとは言えないことがいっぱいあると思う。でもそれが人間の判断というものだから、仕方がないわけです。

ところが、必要な情報を相当量インプットすれば、コンピューターは正確な判断をしてくれます。

人間がもっているしがらみや複雑な感情は排除され、的確な情報だけで判断するとしたら、断然、コンピューターのほうが、目的に合った精度の高い結果を出せるでしょう。

ということは、人間がする仕事は、もはや情報をインプットするという作業しかないわけです。

そしてそれが単純作業で新入社員にもできる範囲内であれば、もはや上級職の存在理由は、ほとんどないということです。

上級職というのは、言ってみれば何か問題が起きたときなど、責任を取るためだけの存在でしかないというわけ。謝罪したり土下座してその場を丸く収める役割です。

そう考えたら、もう仕事の誇りとか言っている場合じゃない。

一般的に会社でやっている仕事の多くは、機械に取って代わられるような仕事なのです。だから、そもそも誇りなんかもてるわけがありません。

誇りをもてないんだから、やり甲斐なんてもちようもない、ということです。

やり甲斐とは、創造すること

人間にしかできないことがあるとすれば、いかに創造性を発揮できるかということです。情報を使って無尽蔵に創造するということは、まだ人間にしか与えられていない能力です。

そう考えたら、たとえ今の仕事がコンピューターに取って代わられるほどの単純な仕事であっても、そこに自分なりの創造力を働かせることはできるはずです。

たとえどんな仕事でも、自分なりの創造性を見つけることはできるはずです。

それは喜びになるし、楽しみにもなる。


僕はやり甲斐と創造性は、同義語だと思っています。

でももし、そう考えても、誇りもやり甲斐も見出せないと言うのであれば、割り切ってしまうしかない。

その仕事があなたにとってお金を稼ぐ手段なのであれば、それに徹すればいい。淡々と自分の時間をお金に変換していけばいいんです。

そこにいちいち、誇りなんてものを持ち出す必要はありません。

誰だって仕事に創造性を見つけられたら、やり甲斐を見つけられるでしょう。でももし、今自分にはそれができないし、その方法もわからないと言うのなら、とりあえず、今やっている方法で、時間をお金に変えていけばいいのです。
どんな生き方も間違ってはいないのですから。

まとめ

仕事に誇りややり甲斐をもちたいなら、今の仕事を面白くするために創造力を使うしかない。それができないなら時間をお金に変えていると割り切る。

嫉妬を消す必要はない！

嫉妬は排除するものではなく、認めるもの

僕らは小さいときから、何かにつけて人と比べたり、比べられたりして生きてきました。もしかしたら大人になればなるほど、あからさまに人と比べたり、比べられたりしているかもしれない。そうしたとき、人は嫉妬という感情が生まれます。

「あいつは同期の中でいちばん、出世が早い」

「あの子ったら目立たなかったのに、なんであんなにかっこいい彼と結婚できたのかしら」

「あいつは若いのに、もう家を買ったのか」

「なんであいつばっかり営業成績がいいんだ！」

「あの子どもは、有名私立学校に行ったんだって！」

……人の嫉妬を挙げたら、本当にキリがない。

でもそんな嫉妬を抱えて、「人の幸せを喜べない僕はなんて醜《みにく》いんだ！」なんて思う必要はありません。

だって、人は人の幸せを心から喜べないようにできているのだから。嫉妬に苦しむのは当然です。

それにもかかわらず、世の中にあふれている本やセミナーでは「嫉妬は醜い心だ」とか「どうしたら人を嫉妬せずにすむか」というように、嫉妬心を排除するための方法をやたらと紹介しています。

世の中みんなで「嫉妬心は悪だ」と決めてかかっているみたいです。だから余計に自分の心に嫉妬心を見つけたとき「いけない、いけない、排除しなければ！」と苦しんでしまう。

でももう一度言うと、嫉妬心は誰もがもっているものであり、嫉妬するのは当然のこと。

僕たちができることは「嫉妬しない心をもつ」のではなく、それを認めてしまうことです。


これはとても大切なこと。

まずは認めることをしないと、嫉妬は邪悪なものであり、自分は邪悪なものをもっているんだと、どんどん自分を追い込んでいってしまうのですから。

もしそういう状況になったら「僕は嫉妬してるんだ。以上！」ってまず認める。そしてそれで終わりにする。

そういう気持ちをもった自分をジャッジする必要はないということです。

「嫉妬している私は醜い」

「友だちの喜びを一緒に喜べない自分は、なんて狭量《きょうりょう》で卑しい人間なんだ！」

……そんなふうに自分を批判して、二重三重に複雑に自分を苦しめてしまう必要はないということです。

嫉妬はとことん利用すればいい

嫉妬から逃れるために人と自分を比較をしなければいいのかと言うと、それはある意味は正解だけれど、ある意味では不正解。

というのは、比較しなければ嫉妬しなくてすむけれど、そんなのは僕らには無理だからです。

人は、あれこれと他人と自分を比べてしまうようにできているわけです。

人と比べちゃいけないっていうことは、みんな知っています。人と自分を比較しても意味がないってことは、よくわかっている。わかっているけれど、人は比較しなければ、生きられないのです。

比較をしなくては、人は自分のことがわかりません。比較をすることで、だんだんと自分の立ち位置を知っていくのです。

人は比較をして自分を知り、そしてまた嫉妬をするということです。

本心を言えば、人がどんどん幸せになったら嫌なわけです。自分だけ置いていかれるような気がしてしまうからね。

でもそれは、あなただけじゃない、みんな嫌なんです。みんな誰かに嫉妬しているわけ。

ただ「人と自分は同じものである」という真実を知ってしまえば、比較や嫉妬に煩わされることはなくなるでしょう。

真実を知れば、自分の世界を生きられるからです。でも、その真実を見抜けずにいるうちは、なかなかそれは難しいのです。

大事なことだからもう一度伝えておくけれども、嫉妬する自分をジャッジしてはいけない。

嫉妬だけでも僕たちは苦しいのに、その上、嫉妬している自分をジャッジしてしまうと、どんどん問題が複雑になっていくでしょう？　わざわざ自分で別の苦しみをつくり出す必要なんてないじゃない。嫉妬の苦しみだけで十分じゃない。

ただの嫉妬だけだったら、悩みや苦しみなんて大したことないんですから。
嫉妬は自分を知るために必要なものだし、それに何かを成すときの原動力にもなるもの。自分の踏ん張りになってくれるものなんだから、認めてそれを利用してしまえばいいわけです。

まとめ

嫉妬は排除する必要はない。そして、嫉妬した自分を責めてはいけない。何かを成すための原動力として利用すればいい。

あなたの正しさは、相手にとってはただの批判

自分の「正しさ」を人に押しつけてはいけない

僕らは生まれてからこれまで、家庭や学校でいろんな教育を受けてきました。その過程で、わりと早い段階で「善悪」を教えられたよね。「人にウソをつくのは悪い」とか「人の物を盗ってはいけない」とか「困っている人を見たら助けましょう」とか。

善悪を知るようになると、人は自分の中に「正しさ」をもってしまう。それは自分の言動の基準になるものだし、社会で生きていくためには必要な感覚でもあるわけです。だけど、**自分の「正しさ」を人に押しつけるのは、まったく無意味。**

人の言動を見て「それはいけないことだよ」、「そういう考え方は間違っている！」

とつい自分の「正しさ」を人に押しつけてしまいがちだけれど、その人だって、あなたと同じように、「正しさ」をもっています。

極端なことを言うと、罪を犯してしまった人だって、自分は正しいと思っている。「あのとき、あいつがあんなことしなければ、こんなことにならなかった。あいつが悪いんだ」、「あれは仕方がなかったんだ」ってね。

「仕方がなかった」という言い訳の裏には「自分は正しかった」という思いが潜んでいるものです。後悔や反省をしても、その瞬間はみんな自分の行動を肯定しているものなんです。

だからね、「あなたは間違っている」と言っても、相手がそれに納得しない限りはまったく無意味なわけです。人は他人の「正しさ」をなかなか受け入れられないのですから。

自分と意思が対立したときは、相手のほうが間違っていると思うものなのです。

自分の中だけで「正しさ」の基準をもっている分には、そうそう問題は起きないけれども、自分の正しさを相手に押しつけると、それはたちまち「批判」に変わります。

批判に変わった瞬間に、やっかいごとを生み出してしまうのです。

「正しさ」の応酬はどこでも見られるでしょう。「それはお前が間違っている」、「そういうあなたこそなんなの!」ってね。

その批判は何かと言うと、「自己否定」の恐怖です。

「自分の考え方を守るために」
「自分は正しいと主張したいために」
「自分の存在を守るために」

相手を批判、非難、攻撃することで、自分の安全を守ろうとしているわけ。その結果、どんどん利己的になっていくのです。

全体から切り離されているという分離感

ずばり言うと、批判する人は、欠乏感を抱えている人です。

よく思い出してみて。あなたが本当に幸せで満たされているとき、人を非難したり批判したりしないでしょう？

幸せというのは、お金持ちだとか素敵なパートナーがいるとか、そういう動物的な幸せじゃない。欠乏感がないということです。

そしてその欠乏感を満たすためにも、自分の本質に目覚めることがいちばん大切なことなんです。

本質という意味では、ノンデュアリティ（非二元）という言葉があります。

ノンデュアリティとは、簡単に言うと「自分が全体から切り離されていない」ということを知っている状態です。

前述しましたが、欠乏感というのは「何かが足りない」からではなくて、「自分が全体から切り離されている」という分離感による産物です。

そしてノンデュアリティこそが、僕らの本質であり、本当の姿です。

その本質を理解できると、人は人を批判したりしません。だってすべてがひとつだと知っているわけですから。

正しさは人の数だけあるんだから、そんなことを言い立てても仕方がないこと。

それよりもまず、自分の本質を見抜くことのほうが肝心なのです。

まとめ

自分の正しさを人に押しつけた瞬間、それは批判になる。批判する人は欠乏感があるから。欠乏感とは「全体からの分離感」のこと。

相手の「怒り」から身を守る方法

あなたが攻撃しているのは、いったい誰？

やみくもに人を攻撃してくる人も、大きな欠乏感を抱えている人です。

「正しい」とか「正しくない」ということを主張したいのではなく、そうやって批判することで、自分なりに満足感を得たい人です。「あいつを言い負かして化けの皮を剥《は》いでやった」、「あいつの悪を暴《あば》いてやった」、「この人のずるいところを、みんなに教えてあげた」……。人のためにやったフリをして、自分を正当化しようとしているわけ。そうやって溜飲《りゅういん》を下げているわけだ。

でもこんな満足は、満足とも言えない陳腐なものです。

満足感ってどういう状態かというと、それは「ただあるがままで完結している状態」です。幸せな状態のことです。

その逆の不満足な状態っていうのは、何かが欠けているわけです。だからそれを満たすために「何か」が必要になってくる。それで批判というかたちで、陳腐な満足を勝ち取ったに過ぎないわけ。

その批判の矛先《ほこさき》が、たまたまあなたに向いたに過ぎません。まあ言ってみれば「貧乏クジを引いた」ということ。そう思えたら少しは気楽になれると思うけれど、もう少し言っておこう。

その人が批判している「あなた」というのは「その人から見えたあなた」、「その人が解釈したあなた」であって、「あなたそのもの」ではありません。

自分に向かって攻撃してきたと思うと、つい腹も立つし、傷つくよね。でも、その自分って誰だよ？　ということ。

自分自身でも自分のことをよく知らないのに、他人があなたのこと知るわけないと思いませんか？

1章でも伝えたけれど、「人の目」は「自分のイメージ」に過ぎません。「自分で自分をどう思っているか」が「人の目」として映っているわけです。

と言うことは、あなたを攻撃してきたその人も同じです。

あなたを攻撃してきたけれど、結局は「あなた」を通して、その人は自分を見ているわけ。自分自身を見て、自分を攻撃しているということ。ものすごいカラクリですね。


「お前って、なんでいつもこうなんだよ！　デキないやつだな！」

と言われたら、こう思えばいい。

（この人は、自分をデキないやつだって思っているんだな……）

「どうしていつもちゃんとできないの⁉」

と言われたら、こう思えばいい。

（この人は自分がちゃんとできないことにイラついているんだ）

「お前って人からバカにされているよね」

と言われたら、こう思えばいい。

（この人は、自分がバカにされていないかビクビクしているんだな）

「お前が攻撃しているのは、誰だ？」

僕は誰かから攻撃されたら、こんなふうに思うようにしています。

その問題は、あなたの問題ではない

もうひとつ理解すべきことは、相手の攻撃はあなたの問題ではなくて、相手の問題だということ。

たいていの場合、人は怒りをぶつけることで、無意識に自分の重要感を満たそうとしているのです。自分が軽く扱われることを、人はとても怖れているのです。上司であればなおさらです。

自分が重要な人間だということをあなたに伝えたくて、必要以上に怒ったりするわけです。

目の前の人が君に向かって怒っていたら、それはその人の問題であって、あなたのせいではない。あなたの問題ではないっていうことです。

でもとくに注意しなければならない人もいます。たとえば、

・自分自身に暴力的な言葉を使う人

・モラルがない人

つまり、**自分を否定して、他人に攻撃的な態度に出る人からは、離れたほうがいい。**

これは、あなたが注意してどうにかなることではないからです。

その人にはその人の「言い分」があって、人は自分の「正しさ」しか受け入れられないのだから、その人が自ら間違いに気づくのを待つしかないわけです。

いずれにせよ、怒りをぶつけられる状況になったら、「自分の問題ではない」と思い出して、いちいち真に受けないことです。

言ってみれば、相手のほうこそ苦しんでいるわけですから、あなた次第で救ってあげることも可能です。相手が安心できるようなことを言ってあげたり、相手の重要感を満たすようなことをしてあげたり……。

つまり、勝負するのではなく、最初から負けて出る。

そうしたところで、あなたが失うものは何もないのですから。

まとめ

批判する人は自分の重要感を満たしたいから。だから「自分ではなく相手の問題」だと理解することが大切。

人を救うなんて、余計なお世話してない？

社会は国民の意識レベルでできている

毎日のニュースを見ていると悲惨なニュースが絶えません。自然災害はもちろん、殺人や事件、セクハラやいじめ……。世の中ちっとも良くならないって嘆きたい人もいるでしょう。

この世の中というのは、ひと言でいうと僕たち一人ひとりの意識のレベルの結果です。

民主主義国家というのは、国民の意識レベルで出来上がったものです。

意識のレベルというのは「自我のレベル」のこと。「私が」「僕が」という自我の強さのことです。

自我にとらわれている国民ということは、自我のかたまりの国家をつくります。「まず自分の安全を守らなければいけない」という考えを優先するから、自分の利益を確保するため、あるいは安全を確保するために、社会で衝突が起きてしまう。**利益や安全を無秩序に確保しようとすると犯罪になり、社会が利害関係で成り立っているうちは、そのレベルの出来事が起こるわけです。**

そんな社会を見ると「なんとかしなければ」と考えがちだけれど、僕らにできることはそういうことではありません。

何かを変えようとすること自体、攻撃的なことだからです。

つまり、新しい衝突のタネを増やすだけのことです。

自我は正義の仮面をつけるのが大好きだから、平和な世界にするための戦いさえやりかねません。今まで起きてきた戦争は、みんなそういう戦いでしたね。

でもだからと言って、世界や社会がこのままでいいとも思えません。

ではどうしたらいいのでしょう？

エネルギーのキャッチボール

僕らにできることはいくつかあるけれど、そのひとつは自分自身の中に愛と平和を育んでいくことです。

そして人との出会いに優しさの波動をもち込むことです。

そうすることで、あなたと会ったその人は、少しだけ幸せな気持ちになるでしょう？　そしてその人の幸せな気持ちが、今度はほかの誰かを幸せにするかもしれません。

そうやって優しい波動を循環させていくのです。

その逆をやってしまうこともあります。

イライラしているときに、お店で注文したものがなかなかこなくて店員に当たってみたり。当たられた店員のイライラは連鎖して、また誰かをイライラさせてしまうかもしれません。
僕らが何気なく取っている態度は、その場だけのことではなく、社会にも影響を与えているということになります。

僕らはみんな、つながっています。だから、部分は全体に影響していくわけです。

この世はエネルギーのキャッチボールをしているのです。
そのエネルギーには愛のエネルギーもあれば、憎しみのエネルギーもある。荒々しいエネルギーもあれば、繊細で優しいエネルギーもある。
そしてそれらはどれも同じエネルギーです。エネルギー自体は同じだけれど、その波動が違うのです。

この世での最良の生き方は、荒々しいエネルギーを受け取ったら、それを自分の中

で繊細なエネルギーに変えていくということです。

憎しみを愛に変換して、社会に還元する。まるで社会の濾過器のようです。そしてこれが菩薩と呼ばれる生き方なのです。

「なんとかしなければ」と勢い込むのではなく、少なくとも自分から荒々しい波動を発揮しないように心がけていくことです。

人間濾過器を目指していく。

そんな自分になれたら、あなたもあなたの周囲も幸せに満たされるはずです。

とことんその人を信頼してあげることが救いになる

大きな視点から見ると、人から「あなたを救ってあげるよ」なんて言われたら、「大きなお世話だ」ってことです。その人の魂にしてみればね。

というのも、その人がどんなにつらい状況に見えたとしても、その人はその人なりの独自の人生の流れにいるわけですから。

流れには順序があって、困難なときがあるから、穏やかなときを迎えられます。だから第三者が困難な部分だけを切り取ってとやかく言う必要はないわけです。

僕らにできることは、その人を信頼してあげることです。その人以上に、その人の人生を信頼してあげることです。

それがその人に力を与えることであり、それがその人にとっても救いにもなる。

人は、自分のことを信頼してないのですから。

だから、その人ができない分、僕らがその人の人生を信頼してあげることが、その人への救いになるのです。

まとめ

人を救うとは、その人の人生を信頼してあげるということ。そして自ら荒々しいエネルギーを発しないように生きること。

すべての人間関係は幻想だ！

人間関係は「世界」のぶつかり合い

人の悩みは、ほとんどが人間関係の問題です。相手の立場や言動をあれこれ考えながら、自分はどう振る舞えばいいかって、またあれこれ考える。

でもそんなものに正解なんてないから、不安になるし、不安になったらキリがない。それに、そもそも自分はどうしたかったのか、何をどう伝えたかったのか、自分の本心すらわからず混乱することだってあります。

こんなふうに人間関係は面倒だと思っても、誰でも一人では生きていけないのを知っているから、自分をごまかしたり、あれこれやり繰りしながら、人間関係をこなしていかなければならないわけです。

そもそも、どうして人間関係は煩わしいんでしょう？ 良かれと思ってやったことが裏目に出たり、言葉を悪く誤解されたり、あーもうやってられないって思ったこともあるでしょう？

こんなすれ違いがしょっちゅう起きる原因は、人はみんな自分の「世界」で生きているからです。

「世界」というとひとつしかないと思うかもしれませんが、そうじゃない。**「世界」というのは各自が心の中でつくり出したイメージです。つまり人の数だけ存在しているわけです。**

わかりやすく言えば、この世は素晴らしいと感じている人がいれば、この世は地獄だと感じている人もいる。

人は信じられると思っている人もいれば、どんないい人も偽善者だ、信じられないと思っている人もいる。

そういう人にとっては、出会う人がみんな裏表がある人で、そういう人たちが世界をつくっているると信じているのです。

実際には、「世界」はその人の内側の心の投影です。でもそんなふうには思わずに、絶対的なひとつの「世界」にみんなが生きていると信じています。

ですから、話が合わないのは当然です。

ケンカしたりしてぶつかり合うときがあるけれど、あれは人と人がぶつかっているのではなく、その人同士が持っている「世界」と「世界」がぶつかっているのです。

どちらも自分の「世界」から見れば、自分が正しくて相手が間違っているということになる。

まったく違ういくつもの「世界」が、表面的にせよなんとかうまくやっているのは奇跡みたいなものなのです。

「人間関係」という強迫観念

僕らはいつだって、自分の「世界」を大事にしているわけです。

そんな僕らが「みんな仲がいいよね」、「思いやっているよな」なんていう関係をつくって生活しているわけだから、実はシンドいと思うのは当たり前です。

「他者は煩わしい。以上!」

と宣言してしまえばいい。なんだか爽やかになるでしょう?

他者とうまくいかない自分は何かがおかしいとか、他者を煩わしく思う自分は出来損ないだとか、そんな罪悪感をもつ必要はないのです。

でも、人はいろんな関係性の中で生きなければいけないっていう強迫観念をもってしまった。

人間関係の中に自分の価値を見出し、そこに自分の存在理由があるって思ってしまったから、「人間関係」から離れられないわけです。

無理をしながらもいい関係を保つことに価値があると思っている人もいますが、そんなことと自分の価値とは何の関係もありません。

僕の話をすると、パーティーには滅多《めった》に出ません。やっぱり一人でいたほうが気楽でいいからね。

だからと言って、孤独でもありません。

「一人あること」と「孤独」は違います。「アローン」と「ロンリー」の違いです。

「ロンリー」ではなく「アローン」であれ

あらゆる関係は、自分の思いがつくり出した幻想です。

人は一人で生まれてきて一人で死んでいくのですから、本来、僕らはいつだって徹底的に一人です。

自分が徹底的に一人であると見抜くことは、真実を見抜くことに近い。

「アローン」を英語で書くと、ＡＬＯＮＥ。

これは「ＡＬＬ ＯＮＥ」という言葉がくっついた言葉で、「すべてはひとつである」

という言葉からきているそうです。

つまり、**自分は一人で生まれて一人で死んで、存在している間もずっと一人だという真実に気づいたとき、はじめて人は、「一人だけど、ひとつなんだ」という真実に行き着くことができるということ。**

けれども寂しさに負けて「家族との関係はたしかものだ」とか「親友とは強い絆で結ばれている」という思いにしがみついてしまうと、真実に至るまでの道は遠くなってしまいます。

自分の中にとことん入っていったとき、個が存在するのではなく、あなたも僕も、誰も彼もが実はすべてひとつだという真実にたどり着くことができるのです。

昔『大いなるひとつ』（廣済堂出版）という本を出したけれど、その大いなるひとつに行き着くわけです。

すべてがひとつなんだから、「人間関係」なんてものは実際には存在しない。すべては意識の中で起きている幻想だと見抜けるんです。

ところが、必要以上に人間関係に取り込まれてしまうと、「ロンリー」にとどまってしまいます。

その結果、人とつながっていないと自分の価値はない、自分という存在が認められないという強迫観念をもってしまうわけです。

人間関係が面倒だと思うなら、徹底的に一人になってしまえばいい。

人間関係はうまくいかなくて当たり前だとわかった上で、さてどう生きるか。

その秘訣《ひけつ》は「愛」なんだけれど、愛についてはまた別の章で語りましょう。

まとめ

一人だけどひとつ。この真実にたどり着けたら、人間関係は幻想だとわかる。

許せない人がいるとき

なぜ被害者意識をもってしまったのか

よく「あいつだけは許せない！」と言う人がいます。自己啓発本なんかに「人を許すことから幸せになる」と書いてあったりもします。

そういうのを見たり聞いたりするたびに思うんだけれど、それは全部、許せるかどうかが問題じゃない。まずそれが大きな勘違いです。

先に考えなければいけないのは「なぜ、あなたは被害者になってしまったのか」ということ。

つまりね、「許す」という感情は、「自分が被害者だ」と思わなければ、出てこない感情なわけです。

「生意気なことばっかり言うあの人が許せない」って思ったら、それは自分が生意気なことを言われた被害者だと思っているということ。

「許す」というのは、まずこうやって自分が被害者にならないと、その発想は出てこないわけです。

ということは、相手を許すかどうかがテーマじゃない。

なぜ自分は被害者になったのか、それを考えなければならないわけです。

この問題をつくったのは誰？

被害者になるときは、その問題が起きたとき、自分はどうすることもできなかったという無力感が原因です。

「あの人が私に傷つくことを言ったからだ」とか、「あいつがひどいことをしたからだ」とか、相手が問題をつくったと思っているから、自分は被害者になってしまう。

自分は巻き込まれただけで、何も悪くないってね。

でも、それもまた大きな勘違いです。

その現実（問題）をつくったのは、相手ではなく、自分で選んだ結果です。

「こんなに大変な現実を自分で選ぶわけないだろう！」と言いたいかもしれないけれど、でも自分で選んだんですよ。

自覚せずに、自分で選択したわけです。

思い当たることがあれば、そのときのことを思い出してみればいい。

もしあなたが誰かから、「何をやってもダメだね～」と言われてムッとしたとしよう。そのとき、あなたの前にはいくつかの選択肢があるはずです。

1・その状況を無視する

2・笑ってごまかす

3・自分の意見を言って、相手と向き合う

あなたは瞬時に、これらの選択肢の中からいちばんましだと思ったものを、自分で選択したわけです。

たとえば「3」を選んだ結果、さらに相手が攻撃してきたとする。そしてそういう相手を許せないと思っている現実があるとする。

でもその瞬間、あなたは「1・無視する」「2・笑ってごまかす」よりも、ちゃんと態度に出そうっていう選択肢を選んだわけです。

僕たちはいつだって、瞬間、瞬間に意識的にしろ無意識的にしろ、よりましなほうを選んでいます。

でも、いざこざに巻き込まれたり、想像もしなかった悪い結果になったとき「貧乏くじを引いちゃった」とか「なんでこんなことになっちゃったんだよ」って被害者になってしまうわけです。

その選択肢を選んだのも自分だし、そういう感情を選んだのも自分。

相手に原因があるのではなく、自分にある。これをちゃんと理解できたら、被害者意識はもたずにすむわけです。

どんな場合でも、自分がその現実をつくっている。

それがわかったら、結果的に「許せない！」なんて感情も、「そんなあいつを許さなくちゃ」なんて意識もなくなるのです。

人のせいにする人生は生きにくい

この「自分で選んだ」という認識はすごく大事です。問題が起きたということは、その選択が間違っていたということに気づけるからです。

だったら次は違う選択をすればいいということ。違う対処を考えて、今日の失敗を次回に生かせるのですから。

選択の自覚があれば、必ず生きやすさにつながります。

でも、いつまでも自分の不運は相手のせいだ、そんなあいつが許せないと思い続けているとどうなるか？

結局、自分ではどうすることもできなかったという無力感、自分へのむなしさが蓄積していくばかり。そしていつまでも「あいつが悪い」と人のせいにして、同じことを繰り返してしまうのです。

相手を許せないと思う憤《いきどお》りは「本来こうあるべきなのに、そうじゃない」という感情です。

でも「本来はこうあるべきなのに」というのは、それは自分で思い描いているだけのことでしょう？

事実をあるがままに認める。明らかに見る。これが「あきらめる」こと。

すべてを認めることは、「聖なるあきらめ」です。

こういうことが理解できて「聖なるあきらめ」の習慣が身についたら、許すとか許さないといったゲームからはすぐに抜けられるのです。

まとめ

自分が被害者意識をもっていないかまず確認しよう。その現実をつくったのは自分。それを認められたら、そこから学べることはたくさんある。

第3章

「愛」について陥《おちい》る勘違い

人は人を愛せない⁉

自我は人を愛せない

いわゆる草食系といわれる男子とか、「恋愛が苦手な若者」なんてニュースをよく聞きます。

ある調査によると20代から40代までで、これまでに一度も異性とつき合ったことがない人は3割もいるらしい。この傾向はどんどん進んでいくとか。

その原因はいろいろ語られているけれど、人を自分以上に愛せないとか、異性よりも同性といるほうが居心地がいいとか、自分が傷つくのが怖いとかいろいろあるようです。

これは今の傾向のように言われているけど、そんなのは昔からです。

僕たちはみんな自分がいちばんかわいいんだから仕方がないわけです。**僕たちがもっているいる自我というのは、そもそも人を愛することはできません。**

結論を言うと、自我をもっている僕らは、本来自分がよければいいと思ってしまう生き物なわけ。こう言うと身もふたもないけれど。

そして、この自我の真逆にあるのが愛です。

でもこの人間社会は自我でつくられているわけだから、愛なんてどこにもないとも言えます。悲しいお知らせですね。

こういうことを言うと、「僕は彼女を愛しています！」とか言う人がいるけれど、それは若ければ若いほど、かたちを変えた性欲だったり……。

草食系の男子に性欲がどのくらいあるものかわからないけれど、ひとまず性欲をなんとかするために生じた一時の情熱を、愛と言っている場合があるわけです。

つまりそれは自分の欠乏感を満たすためのニーズに過ぎないわけ。

「いや違う！」って頑《かたく》なに思う人もいるかもしれません。なんたってこの世に愛はないという、悲しいお知らせですからね。

でも、愛していると思う相手を思い浮かべて考えてみてください。相手のどういうところが好きなのかを。

笑顔がかわいいところとか、優しいところとか、いつも自分を励まして力になってくれるところとか、いろいろあるだろうけれど、これは全部、あなたにとって有り難い、役に立っているという側面じゃないでしょうか？

つまり、条件付きの愛ということ。

条件付きの愛というのはつまり、条件がなくなったら愛もなくなるわけです。

「優しくなくなった」
「かわいいと思えなくなった」
「お金がなくなった」
「自分を優先して考えてくれなくなった」
「自分の思う通りの行動をしてくれない」

……その結果、だいたいのカップルは別れてしまうでしょう？　そんなのは愛とは言いません。

恋愛についての不安や恐怖というのは、この条件がなくなることへの不安なのです。

愛とは無条件で純粋な意識

愛っていうのは、無条件なものなんです。

何か特定の対象に向かうものではありません。

太陽みたいなものだと思えばいい。太陽は何か特定のものだけを照らすわけじゃないでしょう？　すべてに光を降り注いでいるでしょう？

愛は、自我がなくなったときにはじめて現れるものなんです。

「僕が」「私が」と言っている「幻想の自分」から解き放たれて、とことん今ここにくつろいで、緊張感や攻撃性がなくなったときに得られる感覚のことです。

それは、自分を生かしているエネルギーであり、純粋な意識であり、それを愛と呼ぶのです。

愛は神さまのことであり、この世には、愛か自我しかないのです。

だけど安心して大丈夫。この世には、本心から人を愛したことがない人はいっぱいいますから。みんなそれを言わないだけの話。

まとめ

自我がある限り、条件付きの愛しか手に入れることはできない。真の愛とは無条件のものであり、自分を生かしているエネルギーのこと。

「与える立場」にどこまでなりきれるか？

自分を満たすか、相手を満たすか

さっき、多くの人の愛は条件付きだと言ったけれど、これは恋愛を含めてほとんどの人間関係に言えることです。

ほとんどの人間関係は、自分を満たすためにあるのです。

それを打算的だって思う人もいるかもしれないけど、多かれ少なかれ、正直に考えるとそういう気持ちがあるんじゃないかな。

それを踏まえて、コミュニケーションをどう取ったらいいのか、恋愛を積極的に楽しむためにはどうすればいいのかというと、「自分を満たすため」という考え方ではなく、**自分はこの人のために何をしてあげられるのかって考えてみると、見えてくる**

ことがあります。

つまり、相手といることで、自分にどんなプラスがあるだろうという考え方ではなくて、自分はこの関係にどんなプラスをもたらすことができるだろうと考えてみるわけです。

「楽しい時間を与えられるか」

「刺激的な知恵や考え方を与えられるか」

「心ゆくまでの安らぎを与えられるか」

「喜びや笑顔を与えられるか」

……などいろいろあるでしょう。

徹底的に「相手」の立場になれるかどうか。これは自我を越えるための手がかりでもあるのです。

自我に埋没して愛を考えている限りは、「条件付きの愛」しか手に入りません。そこにいる限りは、その条件を失うことに怯《おび》えてつき合っていく関係しか得られないのです。

「与えること」の勘違い

「与える」ことが大切だからといって、過干渉はいけない。与えることで自分が満足していることもあるのです。

相手のためにしているように見えて、世話を焼いて親切にしているように見えて、実は結局「自分を満たすためじゃないか」ということはよくある話。

たとえば「尽くす愛」なんていうのはいい例です。相手が求めるままに、お金でもなんでも与えてしまって、相手をダメにしてしまうわけです。

これは、相手のためにしているように見えて、全部自分のため。

「なんでもやってあげる優しい自分」を実感したかったり、「やってあげることで、相手に優しくしてほしい」という願いがあったり、「尽くすこと」で自分の存在を認めてもらいたいと思っているわけです。全部、自分のためにしているのです。

全部自分のためだから、やっぱり失うことに怯え続けることになってしまう。

「徹底的に与える立場になる」ということを、どう解釈してどう表現するかは、その人の個性や状況があるから、いちがいにこうだとは言えません。そこが難しいところでもあります。

けれども、「自分は完全に相手のためにいるんだ」というスタンスを取ることができたら、いちいち相手の反応に怯えたり、期待したり、失望したりすることはなくなるでしょう。

本当に与える立場になったとき、自分が傷つくという怖れも、相手にどう思われるかという不安をも越えられるのです。

まとめ

徹底的に相手の立場になる。「与える立場」に徹すると、恋愛に傷つくことや不安はなくなる。

目的は何？ 恋愛を楽しむ方法

恋愛の目的には4つの段階がある

ここまで愛についていろいろ言ってきたけれど、恋愛をもっと楽しむために、少し整理しましょう。

あなたは素敵な恋愛をしたいと思っていますか？ そう思っていたら、まず自分は恋愛で何を満たしたいのかを考えてみたらいいのです。言ってみたら恋愛の目的ですね。

その目的には次の4つの段階があります。

1・サバイバル

2・現状維持

3・自己満足

4・貢献

これをわかりやすく仕事に置き換えてみましょう。たとえばあなたは化粧品の販売員だとします。

1段階「サバイバル」の目的意識は、「今日、これを売らなければご飯を食べられないぞ」という段階。

お金を稼ぐために、「なんとかこれを売らなければいけないから、営業に行くぞ」という意識で行動する。

2段階「現状維持」の目的意識は、「なんとか自分は食べられるようになったから、この生活水準を保つんだ」という意識で行動する。

3段階「自己満足」の目的意識は、「昨日は10個売れたから、今月は15個売るぞ。もっとがんばってたくさん売ったら、もっと自分は豊かになれるぞ」と自分をさらに満足させる意識で行動する。「もっと事業発展していかなければいけないぞ」、「目標を達成しなければいけないぞ」という自分の欲求を満たす意識で行動する。

おそらくほとんどの人はこの段階です。

そして、4段階「貢献」の目的意識は、この商品は本当に素晴らしいから、これを使ってくれたら、きっと喜んでくれるだろうな」、「みんなが喜んでくれることが嬉しい」」、「それを売ることに誇りをもっている」という相手の利便性や幸せを満たすために、私は今日もこれを売っていくんだという意識で行動する。

この4つの段階にいる人たちは、それぞれみんな「化粧品を売っている」という行動は同じです。でも、その目的意識がどこを向いているかによって、その人が経験することは全然違ってくることがわかります。

意識がどこに向かっているか

1段階から3段階の人と、4段階の人とでは、得た経験は圧倒的に違います。なぜかと言うと、**1段階から3段階の人までは、意識が自分に向いているからです。4段**

階の人は、相手に向かっているのです。

「徹底的に相手の立場に立つ」というのは、この4段階のことを言っているわけです。

これを恋愛に置き換えてみましょう。

1・サバイバル…「一人はさびしい」「彼（彼女）がほしいな」「自分を理解してくれる人はいないかな」

2・現状維持…「とりあえずこの関係を無難に続けよう」「別れるのも面倒だ」「もめ事はゴメンだ」

3・自己満足…「彼（彼女）を独占したい！」「結婚したら便利だな」「もっと愛し合うんだ！」

4・貢献…「彼（彼女）をどうしたら幸せにできるだろう」「自分以外の人を選んでも、彼（彼女）が幸せであれば自分も幸せ」「彼（彼女）のすべてを受け入れる」

4段階の意識になったとき、それがいわゆる「愛」と言われているものです。1から3段階までは、自分の欠乏感、ニーズを満たすための関係でしかないわけです。

多くの場合は1から3段階までの人たちが出会ってつき合って結婚しているわけだから、破局するのも仕方がありません。だって、相手より自分のほうが大切なわけですから。

最近、彼（彼女）とうまくいかない、相手の気持ちがわからない、ケンカばっかりしてしまう、一緒にいても楽しくない……。なんて問題があるとしたら、自分の意識はどこにあるのかを考えてみてください。案外、割り切れることもあるんじゃないでしょうか。

「本当に愛しているのだろうか？」なんてことを悶々《もんもん》と考えるよりも、「なんだ、自己満足でつき合っていたのか」と理解してつき合うほうが、よっぽどスッキリするし、見えてくることはあると思います。

それ以前に、恋愛に臆病になっている人は、自分のニーズを満たすためにあれこれ考えているわけだから、臆病になるのも当然なわけです。

まず自分の意識がどこにあるのか。それを考えてみたら、その悩みや不安は当然だってことに気がつくでしょう?

その上でどうしたいか、だ。

その彼(彼女)にどこまで「与えられる存在」になれるのかを考えてみたらいいわけです。

まとめ

自分の意識は「自分」に向いているのか、「相手」に向いているのか。それを見極めると、どういう関係なのかが見えてくる。

結婚ってしたほうがいいの？

無人島に2人だけで住む男女は結婚しない

もしこの世に男女1人ずつしかいなくて、自分がその1人だとしたら、相手の人と結婚したいと思いますか？

もし無人島に男女2人だけで住んでいたら、「そろそろこの人と結婚しなくちゃ」とか「最近、結婚に焦ってきたわ」とか思うでしょうか？

思わないでしょう!?

理由は簡単です。2人しかいない世界で、すでにお互いに協力しながら生活しているわけですから、わざわざ「婚姻届を出さなくちゃ」とか思わないのです。2人だけで生きている分には「結婚」という手続きは必要ないのですから。

これは極端な例だけど、結婚というのはあくまでも社会的な制度でしかないわけです。

社会的な制度ということは、結婚は2人の問題ではなく、社会的なことだってわかりますよね。

結婚をする必要があるかどうかは、愛情があるかどうかじゃない。あなたにとって、社会的な必要性がどれだけあるのか、ということを考えてみればいいわけです。

人によっては、「結婚して一人前」という雰囲気の職場で働いている人もいるでしょう。またある人は「早く結婚しなさい！」と家族に心配されている人もいるでしょうし、「友だちはみんな結婚しているのに、自分は一人で恥ずかしい」と思う人も、老後を考えて結婚を意識する人だっているかもしれない。

こういう人たちは、社会で生きていく上で結婚したほうが都合がいいわけです。

このように、社会的な体裁があなたにとって重要であれば、その目的のために結婚すればいいわけです。

打算的だと思うかもしれないけれど、別に悪いことじゃない。人生設計というのはそういうものなんですから。

結婚に恋愛感情は必要ない

社会的な体裁を気にする人は結婚すればいいだけの話。でもそこに「感情」を入れるから、なんだかややこしくなるのです。

「本当にこの人を愛しているのか」、「一生、この人を愛せるのか」ってね。

僕は結婚には必ずしも恋愛感情はいらないと思っています。

むしろ恋愛結婚よりも見合い結婚のほうが、うまくいくケースが多いと思っています。

なぜなら、見合い結婚の場合は、結婚そのものが目的になっているからです。

つまり、家庭をもって家族を自分たちでつくりあげていこうという共通の目的があって出会うから、すでに2人のニーズが合っている「同志」なわけです。

一方で恋愛結婚の場合は、「一生ものの愛」を語った感情や性欲、もしくは自己満足のニーズを満たすことが出発点になっているから、同じ目的をもった同志という気持ちが欠落しているわけ。

そして残念なことに、恋愛感情は遅かれ早かれ必ず冷めるわけです。そのときになってはじめて、お互いに共有している目的がないことに気がつく。家族をつくろうという目的を共有していないことに気づくわけです。

お互いを結びつけるものがないことに気づいたら、うまくいくわけがありません。

そう考えると、僕は結婚には恋愛感情を先に持ち込まないほうが、うまくいくと思うのです。

もちろん恋愛結婚からスタートして、家族を守っていこうという同志の気持ちが芽生え、関係性が発展するケースだってたくさんあります。あるいはとくに愛情もないお見合い結婚だったのに、深く愛し合う関係になる場合だってあります。

我が家のケースをお話しすると、僕らは大恋愛の末に結ばれました。彼女は結婚にあまり意味を感じていなかったけれど、僕が強引にプロポーズをしたのです。この人だけは離したくない、という完全な自我からだったと思う。

それにもかかわらず、その後はお約束の男女の葛藤を繰り返して、相手に散々苦労をかけて、お互い疲れ果てたけれど、それでも向き合うことを続けていた。

するとあるときから大きな感謝とともに、出会った頃の恋愛感情が戻ってきたのです。それは最初に抱いた感情よりも、もっと深いものです。

男と女は自我から恋愛をし、最後は本当の愛に行き着くことができるのです。

それは険しい道だけれど、神さまはちゃんと道を用意しているんです。

まとめ

社会的な体裁として、自分に結婚は必要かどうかを考えてみる。結婚には必ずしも恋愛感情は必要なわけではない。

「親が好きになれない」という呪縛から解放されるには

親も「愛されなかった経験」を抱えている

若い人たちと話していると、「親に愛してもらえなかった」とか「子どものときかわいがってもらえなかった」なんて言う人は意外と多いものです。そういう人は大人になってもその感覚をもち続けていて、いまだに親と仲が悪いと言う人も見かけます。

子どもというのは、親に見捨てられたら生きていけないから、どうしても親に好かれようと一生懸命になってしまう。親が喜ぶようないい子どもになろうと頑張ってしまう。

しかも、親はいちばん自分のことをわかってくれていると思い込んでいるのです。

だから、自分の思いを拒否されたとか、受け取ってもらえなかったと感じた瞬間、問題が次々と起こりはじめます。親に対する感情が強いから、その反動も相当なわけです。

そういう状況をどう解決していけばいいかというと、**僕らは「うまくいっていないこと」に意識が向くようにできている、ということを知ることです。**

お腹が痛くなったら、そのときはじめて胃を思い出すでしょう？　歯が痛くなったときはじめて歯を思い出す。いつもいつも胃や歯を意識して過ごしていませんよね？

僕らは「うまくいっていないこと」に意識が向くという性質があるわけです。

そう考えると、親からやってもらったことが100個あったとしても、たった1個、やってもらえなかったことがあると、それを強烈に覚えているわけです。

そしてもうひとつ、考えることがあります。

それは、あなたの親はたまたまあなたの親だったけれども、その人だってオギャーと生まれて両親に育てられ、**あなたと同じように、やっぱり愛してもらえなかったという経験をしながら大人になったということ。**

そういう親の人生を考えてみてごらん。

結婚してあなたが生まれ、そのとき「元気にたくましく育ってほしい」とか「明るく幸せに育ってほしい」とか、きっといろいろ願ったでしょう。

そして多くの時間、あなたを育てることに注ぎ込んだでしょう。その子育てはうまくいったり、いかなかったりを繰り返して、親は不安や迷いを抱えながら、そしていろんな葛藤をもちながら子育てを終える。そしてあとは年老いて死んでいく。そういう親の人生を考えてみてごらん。

母から一人の老いた女性に変わる瞬間

僕の場合を言うと、僕は両親から溺愛《できあい》されて育ちました。そんなに裕福な家ではなかったから、母親は父親の倍も働いていました。

仕事から帰ってきて食事を作って、翌朝は誰よりも早く起きる。僕は1日に3時間くらいしか寝てない母親をずっと見てきました。

僕が中学2年のとき、タンスの中から古ぼけた母親の日記を見つけた。そこには戦争中の毎日が書かれていました。

その頃の母親はまだ22、23歳ぐらいなんだけど、2人の子どもがいました。

その子たちと当時満州というところにいて、ある日母親が洗濯をしていた。そうしたらなんの前触れもなく、突然ソ連兵が攻めてきて「みんな、逃げろー」ということになった。着の身着のままで何も持たず、母親は子どもを2人、前と後ろに背負って逃げたのです。

その2人の子どもは、栄養失調やいろいろな理由で死んでしまいます。その日記には、涙のあとがついていました。

そしてやがて戦争が終わって、しばらくして僕が生まれました。

母親はそういうことを経験したんだということを、僕ははじめて知ったわけです。日記を読んだとき、僕は亡くなった子どもの一人だと思いました。そして母親を助けるために生まれてきたんだと思ったのです。

僕はいつも、人一倍働いて育ててくれた母親のために頑張ろうって思っていたけれども、日記を読んだとき、それまで以上にすごく強く、僕は母親のために頑張ろうと思ったのです。

それで東京に出てきて、芸能界に入ったのですが、それも母親のためでした。僕の動機はそれしかなかった。その思いはすごく強くて、絶対に成功するんだって思っていました。

そのうち、だんだんと成功して食べられるようになっていくんだけれど、そのときも僕の中には「成功するのは、母親のためだ」という思いがありました。

そんなあるとき、ある人が僕に言いました。

「敏郎君ね、人生っていうのは自分のものなんだよ。お母さんのものじゃないよ」

僕は「この人、何を言ってるんだ」と思った。「頑張るのはお母さんのために決まっているだろう。なにトンチンカンなことを言ってるんだ」と思ったんです。

僕は働くことや成功すること、生きることの理由について、母親以外のことなんて考えたこともなかったのです。

それが僕と母親の絆でした。

それが30、31歳のとき、「自分という夢」から目覚めた。

つまり「僕は大いなるものとひとつだった」ということを実感したのです。

「こうだ」と思っていた自分は幻想であり、また「こうだ」と思っていた周りの人たちも幻想だとわかったのです。

周りの人を含めて森羅万象《しんらばんしょう》のすべてと自分はひとつであり、自分は誰と比べても劣ってはいないし、また誰か以上の存在でもないということがわかったのです。

自分は「ただある」存在であり、それが完璧な存在としてある、ということが、心の奥底から実感としてわかったわけです。

そういう経験がドーンときたとき、スコーンって過去が全部消えてしまった。消えてニュートラルに戻ったのです。

そのときに、それまで抱いていた母親への感覚も変化しました。

あんなに思っていた母の存在が、隣のおばあちゃんと同じ、一人の年老いた女性と同じような感覚になりました。

実はね、今までもそうだったんです。そうだったのに、僕が自分なりの母への思いや価値観、ストーリーを投影して「僕のお母さん」として見つめて生きてきたということです。

でも、母親が一人の年寄りであり、力ない一人の女性だったんだと思ったときに、愛情が冷めたかというと、そうじゃない。本当の愛情が生まれました。

つまりね、それほどまでに自分は母親に執着して「母親のために」と言っていたときは、実は、「僕は母親のために、こんな思いをさせられている」という恨みもあったのです。

人間ていうのは、愛する気持ちがあったら、その裏に憎しみを抱えていたりするものです。

でも、そういうものが消えた瞬間、はじめて母親を一人の女性と思えた。これは「許せた」とも言えます。一人の人間として受け入れることができたのです。

子どもでいる限り、親への不満はなくならない

親はあなたの親である前に、一人の人間です。そんなのわかっていると思うかもしれないけれど、それがちゃんと腑《ふ》に落ちていないから、親への不満が出てくるのです。

もし、どうしても親が許せないという人は、目を閉じて想像してみてください。

あなたの親がどんなところで生まれて、どんな幼少期を育ち、そして小学校に上がったときはどんな髪形で、どんな恋をしていたのかって。

あなたの親があなたと同じように、一人の人間としてたどってきたであろう道を想像してみてください。

そうすると、あなたの親である前に一人の人間だったことに気がつくでしょう。

そうしたら親だからやってくれて当たり前だ、子どもを愛して当然だっていうような不満が、少しは解消されていくように思います。

自分が子どもの立場に甘え続ける限り、親に対する不平・不満から抜け出すことはできないのです。

少なくとも、今こうして本を読める年頃まで育っているわけだから、あなたも大人になって自分の人生を生きはじめているわけでしょう？　それならばもう生物学上は一対一の人間同士です。

とは言っても、親も子もお互いに「子どもだ」「親だ」という感覚をもっているから家族として成り立っているわけだし、その感覚は捨てがたいものでもあります。

でも、お互いに一個の存在に過ぎないという感覚も必要です。健全な親子関係を保つためにはね。

まとめ

たったひとつの嫌な記憶をいつまでも持ち続けていないか？　自分は子どもだと甘え続ける限り、親への不満はなくならない。

第4章

「人生」に潜《ひそ》んでいる勘違い

自分の嫌いな面は可能性だ！

嫌いな一面はあなただけのものではない

自分の性格が嫌いだからなんとかしたい、自分を変えたいと言う人がたくさんいて、そういう本もたくさん出ているけれど、最初に答えを言うと、あなたの根本は変わらない（笑）。

自分を変えられるなんて、大きな勘違いです。人は変わりません。

悩んでいる人の多くは、変わらないものを変えようとするから苦しいのです。

もちろん、変えられるものもあります。物ごとの対処の仕方だったり、見方や考え方を変えることはできます。そういう学びがあるから利口になったり、気が楽になったり、うまく立ち回れるようにもなる。そういう意味では人は変われる。

でも、自分自身がもっている性質は、これから先もずっとそのままもち続けます。どこまでいってもね。

「自分はこうあらねば」という考えをもっているから、それと比べて、今の自分は違う、こんなんじゃダメだって思うわけです。

でも「こうあらねば」なんてものは、あなたには何ひとつありません。

こうだって決めつけなければならないもの、決めつけられるようなものは、僕らには何ひとつありません。

あるときは怒りっぽいし、あるときは優しいし、あるときはとても寛大だし、あるときは非常にせせこましいし。またあるときはすごく包容力があり、あるときは意地悪で、あるときはしたたかで計算高く……。

僕らが想像できる人間のあらゆる面は、みんながもっているものなんです。誰かだけもっているとか、あの人はもっていないなんてことはないのです。

これは〝人間種人間属〟という生き物が共有しているさまざまな可能性です。

可能性という意味は、それらがどういうタイミングで発揮されるかは人それぞれで、それは人間の成熟度によるからです。

経験値が高くなって成熟度が増せば、性質の出方は変わってくるのはわかるでしょう？　迷子になったとき、不安だからといって、いい大人はいちいち泣かないことと同じ。

そういう意味で、その性質をどう現していくかというのが、僕らの可能性なのです。ある場面ではこうしたほうがいいぞ、人生はこう生きたほうがより生きやすいぞっていうように、すべての性質は、人それぞれの知恵と発見によって変えていくことができるのです。

だからと言って、その性質がなくなるわけではありません。いつまでもあり続けて、何も変わりません。自分で嫌だと思っても、嫌な面はいつまでもある。これから先もずっと一生。それが人間なんだから、変えようがないわけです。

たとえば、手を見てみてください。5本の指の中で親指がいちばん太くないですか?

そのことを嫌だと思ってしまった人がいたとします。

「この親指を、5本の指の中でいちばん細くしよう! それが私の人生の課題だ!」なんて考えてしまったら最後、その人は絶対に解決できない問題を抱えたことになります。

自分の奥底にある性質を変えたいと思うのは、これと同じくらいにどうしようもなく無駄なことなわけです。

「親指が小指くらいに細くなってほしい」と願う人はいないでしょう?

「親指が小指くらいに細くなった暁《あかつき》には、もっと自分に自信がもてるんじゃないか」と思う人はいないでしょう?

「親指がいちばん太いから僕はダメなんだ!」なんて思う人はいないでしょう?

それくらいばかばかしい発想なんです。

悪いものを改善しなければいけない、すべていいものにしなければいけないという考えがまかり通っているから、こんな勘違いが生じるわけです。

自分をあきらめる

ではどうすればいいかというと、まずはあきらめることです。2章で述べましたね。「聖なるあきらめ」です。

神さまがそのようにつくったわけだから、「それは、そのようにしてある」と認め切ってしまうしかありません。好きとか嫌いとか、語ることでもないのです。

「こんな自分なんて……」とどんなに思っていても、そういう自分はあり続けるのだから。

問題は、あなたがその性質をもっているということではありません。あなたがいつまでも「それ」にこだわっていることです。

短気だとか、勇気がないとか、不細工だとか、優柔不断だとか、卑屈だとか、執念深いとか、意地悪だとか、嫉妬深いとか、劣等感が強いとか、暗いとか、口が悪いとか、素直じゃないとか、頑固だとか……。

いろいろあるだろうけれど、自分が嫌いだと思ってしまったその性質に、いつまでもこだわって、それを「なんとかしよう」と思ってしまったことが問題なのです。

言いかえると、興味をもってしまったということ。

言ったでしょう？　人はうまくいかないことに意識が向くと。

あなたはなんで、「それ」に興味をもってしまったんでしょう？

もしかすると、遠い昔、人に何か言われたからかもしれない。

笑われたり、バカにされた記憶があるからかもしれない。

それによって怒られたり、仲間はずれにされたと思ったからかもしれない。

そんな記憶のせいで、「それ」を排除しなければと思ったり、「それ」をなんとかしなければと思ったり、「そのせいで私は……」とずっと考え続けていたわけです。こだわって気になって考えて……。その結果、「それ」はあなたの中でどんどん大きく育ってしまったわけです。

もし、自分の嫌いな面を消し去ることが心の成長だと思っているなら大間違いです。僕らにできることは、せいぜい「それ」にどう対応するかという知識を身につけることだけです。

これは精神性の成長ではあります。

人間の違いは「良い面」と「悪い面」の比率ではありません。どちらも半分ずつ誰でも同じようにもっているのですから。

人間の違いは、自分の「悪い面」と闘ってそれを押し込めようとしたり、変えようとしたりする人と、その両方があることを認めて、社会の中ではなるべく「良い面」

を発揮しようと努める人の違いです。

「悪い面」は消えないけれど、「それ」と仲直りすればいいのです。

まとめ

嫌いな面はなくせるものではない。嫌いな面と闘って消そうとするのではなく、認めて仲直りすることが大事。それが人間の可能性です。

自分を好きになる方法

気づきの4段階

前の項目で「嫌な面は可能性だ」と言ったけれど、では嫌な面を人前で出さないためにはどうすればいいのでしょう?

ひと言で言うと「気づき」です。

ダメなところを出さないようにするのも気づきだし、自分を好きなるのも気づきです。

「今、僕はすごく人を不愉快にさせている」とか「私は彼女を傷つけている」という気づきがあるかどうか。そういう自覚をもつことが第一。

また「こんな僕だけど、案外いいやつだ」とか「私は私で大丈夫なんだ」って気づくことも大事なんです。


自分の嫌な面を出さないようにするには、4段階の気づきがあります。これは練習で身につけることができます。

たとえば、「怒り」を例に挙げましょう。

1段階は、怒ったあとに気がつく。「またやっちゃったよ」という場合は、気づきがないということ。

次の段階は、怒っている最中に気づく。怒りながら、「あっ、またやってしまっている」と気づく。

この2つはどうしようもありません。もう怒ってしまっているからね。

そして3段階目はもうちょっと気づきのレベルが研ぎ澄まされます。

まさに今、怒ろうとする寸前に「あっ、また出ちゃうぞ」と気づく。まさに寸止めです。

そして4段階目は、そういう状況になる前に気がつく。「あっ、このままいくと怒るぞ」ってね。ここまできたら、怒る前に状況を変えることができますね。


1〜4段階までを挙げたけれど、どれが対処法としていちばん簡単でしょうか？　ちょっと考えればわかるけれど、4段階目です。

対処が簡単な上に、その後も面倒くさいことにはなりにくい。だからその延長線にある悩みや問題も起こらないでしょう。

「このままいくと怒るぞ」って気づけたら、その時点でほかの選択肢を選ぶのは簡単です。その場を離れるとか、違う話題にしてみるとかね。

怒る寸前というのもちょっと難しい。でもまだチャンスはある。まだ怒っていないわけですから。ほかの選択肢が選べる状況です。

でも怒ってしまったらもう難しい。だってその後は想像できるでしょう？　どんどん怒りがエスカレートしたり、逆に相手から倍も怒られたり。いずれ自分だけで処理はできない複雑な状況に突入するわけです。

つまり4段階目がいちばん生きやすいわけだけれど、いちばん気づきがなければならないわけです。

僕たちの人生で必要なものは気づき。それがいちばん大事なことなんです。

ダメな自分は克服するものではない

何度も言うけれど、変えられないものを変えようとするから、悩んだり苦しんだり余計なエネルギーを浪費してしまうのです。

自分が嫌いだと思う面は、これから一生、あなたのお友だちであって、克服すべきことではありません。

ある瞬間はダメな自分を変えられたと思っても、ある瞬間にまたヒュッと顔を出して、元の木阿弥《もくあみ》だって絶望する。

でもどんな自分だって、見方を変えれば好きになることはできます。

たとえば、引っ込み思案で臆病で、もっと積極的にならなきゃいけないよ、なんて人から言われて、それを自分の欠点だと思ってしまったとします。

でもそれは慎重だということでもあるわけです。

逆に積極的な人は、おっちょこちょいかもしれない。積極的になれば問題ないというわけではありません。


どんな性質にも、プラスが半分、マイナスが半分あります。それが個性です。

そう考えたら、「これが私なんだ、これからも一緒に生きていこう」と自分と仲直りできるでしょう？

自分を罰してなんとかしようなんて思う必要はありません。折り合いをつけていくことです。

そう思えるかどうか、自分の良い面を見られるかどうかです。

こういう自分もいいなって思えること、そう思えた自分を認めることは、すごく大切な気づきです。

自分に対する見方を変えてごらん。なんだそんな悪いやつじゃないじゃないかと思えてくるはずですから。

僕が保証しますよ。誰も悪い人なんていない。ただ悪いことをしてしまうだけ。気づきを忘れてね。

まとめ

ダメな自分を出さないようにするのも、自分を好きになるのも気づきが必要。克服しようとするのではなく、気づきをもつことが大切。

人生がうまくいく人と、いかない人がいるわけ

みんな「見せたい自分」を見せている

世の中には、なんかうまくいっている人、不思議とツイている人がいるように見えます。努力しているようには見えないのに次々に結果を出す人や、なぜかいつもラッキーが続くように見える人もいる。

でも人は「見せたい自分を見せている」ということもあります。周りからの評価を高めるために、人は「うまくいっている」という面を見せたがるものだからね。

うまくいっていないことや苦しんでいることはなるべく人には言わず、うまくいっているところだけを印象づけようとするわけです。

「企画が通ったのは、たまたまラッキーだっただけだよ」

「社長からなんか好かれちゃって、とんとん拍子に進んじゃってさ」
「仕事ばかりしているのに、彼女はいろいろ尽くしてくれてね」
なんて調子で、プラスのイメージを人に与えようとする傾向が僕らにはあるわけです。

ＳＮＳを見ていれば一目瞭然です。

やり甲斐のある仕事に追われ、プライベートではいろんな人とあちこち行っては美味しいもの食べて……ってどんどんアップしている人がいる。いわゆる「リア充」というやつですね。

そういう人は、「仕事でもプライベートでも、充実している自分」をアピールして、あわよくば「あの人ってすごい！」と称賛されたり、尊敬されたいと思っているわけです。

周りの人にいい印象を与えたいと思うのは、自分が安心したいからです。

そしていい印象を与えていれば、愛されるとも思っている。でも逆を言えば、そうでなければ愛されないと自分で思っているのです。

でも「リア充」を一生懸命にアピールしても、目論見《もくろみ》通りに人が自分をすごいと思ってくれるかと言うと、そうとは限りません。

だって、そういう人を見て、あなたはそんなにいい気分じゃないでしょう？　たとえ自分が同じようなことをＳＮＳで発信していたとしても、他人のそういう投稿を見たら、羨《うらや》ましく思いながらも、悔しくなったり焦ったりするでしょう？

僕らは、うまくいってる人を見ても、その人を尊敬したり、称賛したりするわけではありません。

どちらかというと、そんなのおもしろくない情報です。

「あなたもいろいろ大変だねえ」なんて言っているときのほうが、人は安心してうれしいわけですから。

だからもしあなたが一生懸命に「見せたい自分」を見せて「シメシメ、人はきっと僕のことを素晴らしいと思っているぞ」なんて思っていたとしても、それは大きな勘違いということです。

運の流れに乗れるかどうか

でも、なんか知らないけれど、うまくいく人というのはいるものです。たしかに運やツキが味方しているなあと羨ましくなる人もいます。

運やツキというのは波のこと。だからその人だけじゃなくて誰にでもあります。

その波は、そのときの自分の状態とは全然関係なくやってきます。

何をやってもうまくいくような波が来ているときはうまくいくし、何をやってもダメな波が来ているときは、何をやってもダメ。

運やツキというのは、潮の満ち引きみたいなものなんです。

いい波が来ている人は、流れに乗ってスムーズに進むし、またいくら努力をしても、波が来ていなければシンドい。

これを「自然生《じねんじょう》」と言うんだけれど、自然にことは起きているという意味。

そうとわかれば、いい流れが来たとき、誰だってうまく乗りたいと思うでしょう？

その方法として、たとえばネガティブに考えるよりポジティブに考えたほうが運が良くなるとか、マイナスな言葉や否定的な言葉を使うと運が逃げるとか、いろいろなことが言われています。

僕もできるだけそうしようと思うし、人から聞かれたらそう答えます。

でも、自分の人生を振り返って真実を言えば、不平不満をたらたら言っているときでも、うまくいくときはいく。不平不満を言わずに、肯定的な言葉を選んでいるときでも、うまくいかないときはいかないんです。

そんなこととは関係なく、ことは起きているわけです。

いい波に乗る方法は、いい気分で過ごすこと

波に乗る方法があるとすれば、それは「気分」です。

よく楽天的とか悲観的とか言うけれど、楽天的な人というのは、うまくいっていないときも、うまくいっているような気がしているわけ。うまくいっていないのに、ノ

リノリだと思っているわけです。

実際、波に乗っていないとしても、その人が「ノリノリな気分だ！」と思っているなら、それはノリノリに乗っているということです。

運がいい「気分」でいる、波に乗っている「気分」でいるということです。

逆な人もいます。周りから見たらすごくうまくいっているのに、いつも「なんで自分はうまくいかないんだろう」と嘆いてばかりいる人。もったいないよね。

本人がどう思っていようと、ことは起きるように起きている。だったらいい気分でいるほうが楽しいでしょう？

否定的な言葉を言っているよりも、肯定的な言葉を言っているほうが、なんか気分が良くなる。つまらない顔をしているより、笑っていたほうがなんか楽しくなるじゃない。

運やツキは変えられなくても、気分は変えられるのです。

自分が波にノリノリだと思えば、それは乗っているんです。「あいつ、うまくいってないな」と言われても「いや、俺は今乗ってるぜ！」と言ったら、それはノリノリだということ。

「運が来た、来たー！」と自分で信じれば、それは誰がなんと言おうと運が来ているわけです。他人につべこべ言われることじゃない。

もし人から「お前、全然ツイてないな」って言われたら「今からツキはじめるんだ！」と思えばいい。

運は気分。だったら、今の運も自分で決められるということです。

まとめ

自分の気持ちとは関係なく、起きることが起きていく。だったら、いい気分で過ごそう。

深刻さから逃れるために

ユーモアとは、自由に物ごとをみるセンス

笑いはすごく重要です。そう言うと、たいていの人は、「笑ってたほうが楽しいですよね」とか「僕もお笑い、好きです」とか言うけれど、そういう意味じゃない。もっと大きな意味で重要なんです。

なぜ笑いが重要なのかと言えば、深刻さを吹き飛ばすからです。

僕たちが物ごとに深刻になるのは、視野が狭くなっているからです。そうなると自分の見ている現実だけがすべてだと思い込み、余裕がない世界にどんどんはまっていってしまうのです。

そういうときは、笑ってみるといい。
すると目の前の現実と、自分の意識との間に少しだけスペースができます。それが余裕です。そうなったとき、自分を閉じ込めていた狭い世界から少し自由になって、自在に物ごとを見渡すことができるのです。

物ごとをどう見るかというのが、ユーモアのセンスです。ユーモアというのは、自由に物ごとを見る視野のことなのです。

いちいち深刻になるから、悩みや問題が生じるわけです。悩みや問題から逃れたければ、深刻にならなければいいということ。それには笑いがいちばん効果的です。

もし、あなたが何か問題に巻き込まれて、深刻な状態に陥ってしまったとしたら、とにかく笑ってみてください。
ウソでもいいから笑う。「ははは」と、まず声を出してみる。ヘンな人だと思われてもいいから笑ってみる。
すると一瞬、余裕ができます。その一瞬で、問題とあなたは切り離されたのです。切り離された瞬間、事実をもっと違う角度から見る余地や、もっと違う解決法を考える余裕が生まれてくるのです。

この世の中は、あなたが見ている世界だけではありません。
角度を変えてみると、全然違う世界がある。
笑いは人間に与えられた大いなる力のひとつ。だから大いに笑っていきましょう。

まとめ

物ごとを深刻にとらえるから悩みになる。深刻にならない方法は笑うこと。切羽詰まったとき、ウソでもいいから笑ってみよう。

この世に幸せはない

人の心がもっている6つの世界

僕は毎朝「今、生まれたー！」という思いでベッドから起きます。そうやって起きると、今日から新しい生を生きるぞ！　という新鮮な感覚に満たされます。

それだけで毎朝、爽快な気分で一日を過ごすことができるのだから、この習慣はみんなにもおすすめしたい。

これは毎日死んで、また生まれるということ。毎日毎日、僕らは生まれ変わっているとも言えます。

実際、昨日と同じことは何ひとつありません。体の細胞だって昨日と同じではないし、心の状態も昨日と朝起きたときの感覚は違うはずです。

こうやって僕の場合は毎朝、〝生まれている〟わけだけれど、同じように仏教には「六道輪廻《ろくどうりんね》」といって無限に「生死」を繰り返すという思想があります。

「生」の状態も輪廻していて、生きている世界は6つあるとされています。その世界とは次の通りです。

1・地獄界
2・餓鬼《がき》界
3・畜生《ちくしょう》界
4・人間界
5・阿修羅《あしゅら》界
6・天界

これは生きている環境のことではなく、「心の状態」のことです。

心の状態が、地獄界や天界をつくり出しています。

これは地獄界から順番にステップアップしていくものでも、ゴールがあるものでもありません。1日の中でめまぐるしく行ったり来たりすることもあれば、「青春時代は地獄界だったなあ」とか「あの会社にいるときは阿修羅界だったな」とか1年、10年、もしくは一生をかけてゆっくり廻っていることもあります。

地獄界は、いちばん苦しい心の状態で、まさに苦しみと同化している状態です。敵意と危険に満ちていて、いつ何が自分に襲いかかってくるかわからないという不安でいっぱいです。目の前の壁がどんどん迫ってきて苦しい。「助けてくれ〜！」と叫んでも、どうしようもないのが地獄界。

でも、この地獄界は長くは続きません。というのも、緊張した状態は、人間そう長くは続けられないからです。

だんだん疲れてきて、ある瞬間、フッと力が抜ける。そうすると、目の前に切迫して立ちはだかっていた現実問題の壁と自分との間に、ちょっと隙間ができる。「あれっ？　ちょっと広がったぞ」と。「気のせいかな」と思いながらも、「もしかしたら、物ごとはもっと良くなっていくかもしれない……」、「僕にも可能性があるかも！」と思いはじめる。

そして、自分を楽にしてくれるものや幸せにしてくれるもの、あるいは自分の安全を保障してくれそうなものを手に入れれば、解決できるかもしれないと期待を持ちはじめます。そういう方法や考え方を自分の中に取り入れようとするわけです。

一生懸命にいい方法を取り入れよう、もっともっとそれを飲み込もうとするんだけれど、喉《のど》が狭くてなかなか飲み込めない。それが餓鬼界。

仏教の絵でよく見るでしょう、空っぽのお腹が大きく描かれているのが餓鬼です。これはたくさんほしいのに喉が狭くて飲み込めない様子が描かれています。

それが少し落ち着いてくると、どうなるか。

「いや、待てよ。じっとしているのではなく、自分のほうから出かけていったら、もっといい方法を見つけられるんじゃないか？」、「どんどん自分から手に入れていけばいいんだ！」、「もしそこで何か悪いものと出会っても、はじき飛ばしてしまえばいい！」と思いはじめる。

自分に都合のいいものがあったらガツガツ取り入れて、障害物があったらバーンとはじき飛ばして、ダダダダーッとひたすら突き進みはじめるわけです。

この状態はイノシシに象徴されています。一直線にわき目もふらずに突っ走る状態です。これが畜生界です。

畜生界の特徴は、生真面目さ。一本道しか知らないから、途中で何か工夫したり、回り道を考えるということを知りません。突っ走ってはいるけれども、選択肢がないのでやっぱり視野が狭くて生きにくい状態です。


その状態がだんだん落ち着いてくると、やっと気がつきます。「待てよ、一直線に進んでばっかりでいいのか？　こんなにガンガン突っ走っていたら、自分も周りも傷つくばかりで大変だぞ」と。

そして、分別《ふんべつ》をもつことに気がつくわけです。

「この世にはいいものもあれば、悪いものもある。いいものはうまく取り入れ、悪いものは上手に避けていこう。どちらでもないものは、無視すればいいのさ」

こういう分別をもった状態が人間界。僕らの普通の状態です。

さあ、人間界にやっと来ました。この先はどうなるでしょう。

人間界まで来ると、ある人は気がつきます。

「分別をつくっているのは、ある種の知性なんだ」と。

自分に脅威をもたらすものが現れることを直感で気づき、予防線を張ることもできます。問題が起きる前に対処する知恵も得られます。

こうして自分の中にある知性がどんどん研ぎ澄まされていくと、自分の後ろまでも見えるような状態になります。これが阿修羅界。

この状態はすごく賢くすばしこく、そしてうまく生きていけます。ある程度は自分の思い通りに物ごとを進めていくこともできるし、自分のことも周りのこともコントロールできる、生きやすい状態です。

世の中を見渡してみると、そうやって器用に成功している人はたくさんいます。

奈良県の興福寺《こうふくじ》にある阿修羅像は、顔が横にも後ろにもあります。これは八方を見渡せる知性があることを表しています。でも憂《うれ》いをおびて深刻そうな顔をしていて、けっして幸せそうには見えません。

阿修羅界にいるとき、ふと束《つか》の間《ま》の安心が訪れます。それが天界。

「ああ、ここまで来られた。ついになし遂げられたぞ！」ってね。

ところが、その安息は長くは続きません。というのも「この状態を保たなければいけないぞ」という気持ちが生まれてくるからです。

「この幸福をなくさないように、もっと注意深くしていないといけないぞ」、「うっかりしていると、この状態が失われてしまう」という焦りや不安が訪れるわけです。

そうなると、また阿修羅界に戻ってしまう……。

天界まで来たのに、また一つずつ後戻りしていくことになるのです。

どんどん感性や直感は鈍っていき、知らない間に分別も見失って、「もっともっと頑張らなくてはいけない！」とまた走り出す。いろんなことを頑張ってもなかなかうまくいかなくてさまざまなジレンマに陥り、絶望的な閉塞感に襲われて、地獄界にまたやって来る……。

こういう感じで僕らは毎日をぐるぐると繰り返しているのです。

これが六道輪廻と呼ばれる自我の世界です。

一見、天界の状態は幸せじゃないかと思うけれど、その幸せはいつかは失う幸せに過ぎません。

そこで感じる幸せというのは、何かを得た結果、あるいは問題が解決した結果の束の間の休息に過ぎず、その休息が脅かされたら、また落っこちていくわけです。

欠乏感が埋まったときに感じる束の間の安堵《あんど》を、幸せと勘違いしているということです。

よく考えてみればわかるけれど、天界だって地獄界に支えられている束の間の幸せに過ぎないわけです。

地獄界や餓鬼界にはまってしまったときの解決方法は、とにかくリラックスすることです。

そして「今、ここ」に帰ってくることです。

この瞬間、「今、ここ」には、僕やあなたを脅かすものは何もありません。このくつろぎに戻ることが六道輪廻の苦しみから解放される方法なのです。

まとめ

私たちの心は6つの世界を巡っている。そして束の間の条件付きの幸せを追い求めて生きている。苦しみから逃れる方法は「今、ここ」に帰ること。

真の幸せへと続く2つの道

真実の声を聞く

さっき僕は幸せはないと言ったけれど、じゃあ人間には一生幸せは訪れないのでしょうか？　何度も言うけれど六道輪廻に身を置いている限りは本当の幸せはありません。

ということは、幸せになるには、そこから抜け出せたらいいということです。

どうしたら抜け出せるのでしょうか？

それは「真実の声」を聞くことです。「そこには本当の幸せはありませんよ」という声。その声を聞けるのが「声聞界《しょうもん》」。

仏教の場合、それは釈迦の声であり「法の声」と言って、その声に耳を傾けられる状態です。

物ごとを達成したような気持ちになっても、またいずれ絶望感が訪れるということ。そして人間の人生は六道輪廻の繰り返しに過ぎず、人間はどこにも行き着かないということ……。そういう真実のメッセージを聞ける状態です。

このようなメッセージは、六道の中にいても気づきとして得られるのではないかと思う人もいるかもしれません。

六道にいるときでも、声が聞こえているのです。けれども僕らは耳を貸しません。

「そんなこと言ったって、今やることがあるんだ」とか「そんなことよりもっと重要なことがあるんだ」とか「この問題を解決しなきゃいけない」と言ってね。

みんなも記憶にあるんじゃないかな、たとえば仏教で言っていることを辛気《しんき》臭いと思ったり、自分には関係ない、信じられないと思ったことが。

これが「聞いているけれど、聞いてない」ということです。おそらくほとんどの人がそうでしょう?

「人間界」にいるとき、チャンスは訪れる！

でも、耳を傾けられる状態のときもあって、それが人間界にいるときです。**人間界は、真実の声が聞きやすい状態です。なぜっていちばん分別があるからです。**うまくいっていることも、うまくいっていないことも、しっかり自分で整理できるし、だからこそ、「あれ、どこかおかしいぞ」と気づくチャンスがあります。

一生のうち僕らは人間界の状態にいることが多いから、そういう意味ではチャンスがあるということです。

六道をグルグル廻り続けて、あるとき人間界の状態にいるとき、やっと学ぼうとする姿勢ができたということです。

逆に、「耳を傾けない」、「聞こえない」状態はどこかというと天界です。なぜならいろんなことがうまくいっているので、もう声を聞く必要はないと思っているからです。

イエスの言葉にこういうものがあります。

「富める者が天の王国に入るのは、ラクダが針の穴を通るより難しい」

「王国」とは六道の天界のことではなく、六道を超えた仏の世界です。

まず耳を澄ませてみよう

声を聞けたら終わり、というわけではありません。幸せに続く道はまだ長い。

次は縁悟《えんがく》という段階があります。

これは真実の声を「ああ、そうだったのか！」とちゃんと納得できる状態のことです。これを「悟り」と呼びます。


そしてここから先は2つの道に分かれます。

ひとつは悟りを得て、この世を生きるという道。阿羅漢《アラハン》と呼ばれる道です。

彼らは悟りの境地に安住して、自己完結しています。

もうひとつの道は菩薩道です。

彼らは悟りを携えて、みんなを救うために六道の中に入っていきます。そして人間界にいる人たちには法を説き、地獄界や餓鬼界で苦しんでいる人たちには安心感をもたらします。

ただ阿修羅界や天界にいる人には、菩薩は無力です。彼らは聞く耳をもたないのですから。

菩薩道を生きることで、最終的な仏陀《ぶっだ》の境地、仏の境地へ行くことができます。

それは人を救おうという無私の行為によってもたらされる大いなる道です。

幸せとは、この阿羅漢や菩薩になることで成就《じょうじゅ》されるのです。

まず僕らに必要なのは、人間界の中で「真実の声」を聞く耳をもてるかどうかです。

「耳ある者は聞け」

イエス・キリストも同じことを言っていますね。

「私は今、地獄界の真っただ中で、人間界なんてまだまだ先だよ」と言う人も、失望しなくていい。「陰極まって陽になる」という言葉もあります。

あまりにも苦しくてつらくてもう耐えられないと思ったとき、ポーンと越えられることがあるわけです。

いつだって常に耳を澄ましていればいいということです。

まとめ

「真実の声」を聞けるか。それが本当の幸せへの一歩。その準備ができたら、あとは耳を澄ましてそのときが訪れるのを待てばいい。

あなたが思う「自分」は「自分」ではない

「自分」と「時間」の錯覚

真実から話すと、この世の中には、「自分」と言えるような、単独に分離した個人は存在していません。

でも僕たちは「肉体」を自分だと思って生きています。

皮膚の内側で思考や感情がわき、外側で何かの現象が起きていると思っているけれど、実際には内側も外側もない。両方が刻々と現れているのです。

それなのに、僕たちは内側だけを「自分」だと感じているのです。そしてその「自分」が過去・現在・未来という時間の中を生きていると思っているのです。

これこそが、最大の勘違い。錯覚です。

どこかに固定された「自分」がいるわけではありません。川のように流れている「時間」があるわけでもありません。

こういう勘違いが自我をつくる材料になっています。

深く理解すると、自我と時間は同じ錯覚の両側面ということがわかります。

自我は時間の中、つまり記憶している過去や、想像している未来の中に存在しています。したがって、過去や未来という「時間」にとらわれればとらわれるほど、自我はたしかなものになっていきます。

「昨日、あんなことをして後悔している」、「もっとああすればよかった」、「昔はよかった」、「明日は大丈夫かな」、「この先、今のままでいいんだろうか」、「なんでこんなことになってしまったんだろう」、「もっと頑張らなければ、やっていけない」なんてことを考えれば考えるほど、自我に埋没して悩みや苦しみが大きくなっていくわけです。

自我こそが、苦しみの正体なのです。

でもさっきも言ったように、「時間」なんてものはありません。それはただの記憶か妄想に過ぎません。つまり、真実ではないわけです。

真実ではないものに意識がからめ取られてしまっているから、悩みが生じるわけです。

僕らは、自分が全体から切り離されて存在しているという錯覚と、時間の中を生きているという錯覚に陥っているから、悩みが生まれるのです。

「今ここ」にしか自分はいない

大事なことだから、もう一度はっきりと伝えておくけれども、時間というものはありません。これも最新の物理学によって証明されています。

人は過去や未来が存在していると思っているけれど、そんなものは頭の中の幻想なのです。

僕たちが生きているのは、いつだって今です。今しかありません。

今だって今でしょう？　今までだって、「今」じゃなかったことなんて、一瞬たりともなかったはずです。

過去の自分は、今存在していません。未来の自分が、今この瞬間に存在することもありません。

僕らは常に、「今」にしか存在していないのです。

命というのは、まさに今、ほとばしり出ています。肉体というフィルターを通して、「今」が表現されているわけです。

これは刻々と、常に今までも、今の瞬間も行われています。そしてこれからも続いていきます。自分という存在は「今」という瞬間に生まれて、滅しているわけです。

ロウソクの炎を想像してみてください。

ロウソクの炎は、まるで実体として、ゆらゆら揺れて存在しているように見えるけれど、あれは炎が消えてまた燃えて……という酸化現象が連続しているに過ぎません。それなのに、まるで炎が存在しているように見えます。

本来の僕たちの存在はそれと同じことで、生じては滅して、生じては滅して……をすごいスピードで繰り返しているわけです。

僕たちは、今まで自分にどんなことがあったかという過去を記憶しています。どんな考えをもってどういう行動をしてきたか、どういう生き方をしてきたかという過去を記憶しています。

でもそれは記憶に過ぎません。ただの記憶に過ぎないのに、僕らはまるで「実体をもった何か」があったかのように、錯覚しているわけです。

そういう記憶は、「今」とは何の関係もありません。

ところが、みんな「自分」という実体が存在していると信じ込んでいるし、さらに、過去の経験の結果として、今の自分があるように思ってしまっているわけです。

過去のどんな出来事も、この瞬間を生きている自分とは、なんの関係もないのです。

今、この瞬間生きている自分というのは、ものすごくフレッシュで純粋です。

どんな聖なることを考えて生きてこようと、あるいはどんなに邪悪なことを考えて生きてこようと、あなたの今の純粋な意識には、なんの関係もないわけです。

これは自分の存在を考えるとき、いちばん大切なことなのです。

まとめ

自分の存在は「今、ここ」にある純粋な意識のこと。過去にも未来にもない。そして過去にも未来にも影響されない。今の瞬間が本当のあなた。

本当の自分を生き切ることがベストな人生

「不幸ではない」ことが幸せ……という勘違い

幸せというのは、結局、真理を知ることです。そのときに訪れる感覚こそが幸せであり、それは自我を超えたものです。

自我を超える――それこそが無限の状態のこと。

無限の状態になったとき「宇宙は、自分そのものであった」と気づきます。

宇宙は無限。

その宇宙と自分は「ひとつ」であった、ということに気づくのです。

ここで宇宙と言っているけれど、正確には無限の空間のことです。

この無限の空間は、「意識」をもっています。

この「意識」こそが全知全能であり、大いなる存在です。その大いなる存在、広大な意識から分離独立したものが、まさに僕らという存在なのです。

広大な意識から分離独立したとき、僕らは個々の意識、自我をもってしまったわけです。

何度も言うけれど、その自我にとらわれているうちは、何も解決しません。まるで「個」として存在しているように見えるけれど、それは錯覚なんだから。

幸せになりたい！　と思っても自我にとらわれているうちは、自我を満足させるものしか手に入れることはできないわけです。自我が幻だから、そこで手に入れた幸せも幻に過ぎないのです。

人間界や地獄界の状態で望む幸せというのは、自分の悩みや苦しみがなくなった状態なわけです。「この借金がなくなれば、どんなに幸せだろうか」、「憎たらしいあの人がいなくなればいいのに」ってね。

でも、その苦しみがなくなっても、それは幸せとは呼びません。ただ、苦しみがなくなっただけで、けっして幸せという状態ではないのです。

それは「不幸や苦しみの中にいる」か「不幸や苦しみがない状態にいる」かの違いでしかありません。

今、目の前にある不幸や苦しみは、自分にとってはすごくリアルで生々しいから、それがなくなったら、ものすごく幸せになるだろうと思うかもしれないけれど、それは大きな勘違いです。またすぐに違う問題が現れて、同じことの繰り返しです。

でもどんなにそういうことを忘れていようとも、僕らはもともと、大いなるひとつそのものです。

これが、真理です。

これを理解することが、自分の存在を理解することであり、それこそが真の幸せなのです。

自我から自由になる2つの方法

僕らが物ごとをややこしくしてしまうのは自我があるからです。だったら、自我から自由になればいい。

自我から解放される方法は2つあります。

ひとつは、ただただ「今を感じる」こと。「今」だけを生きているという感覚をもつことです。

そのためにも瞑想をすすめているけれど、瞑想は頭の中の大掃除です。混乱している思考が整理されていきます。

その結果、自我が休息し、本来の自分である「大いなる存在」を感じることができるのです。

僕らはほぼすべての時間、自我に埋没して過ごしています。自我に埋没している限り、錯覚の人生を生きているわけです。本来のあるがままの自分を生きるためにも、瞑想は効果的なのです。

でも実は、瞑想をしなくても僕らは毎日、そういう頭の大掃除をしています。

それが睡眠です。睡眠と瞑想の違いは、意識があるかどうかです。

僕らの命の中には治癒力があるけれども、睡眠中に自然治癒力が機能しているわけです。

人は食べなくても1カ月くらいは生きられるけれど、寝ずに過ごすのは1週間だって無理ですよね。

つまり、僕らは睡眠によって命のエネルギーを得ているのです。

同じように睡眠によって思考も整理され、大いなる源に触れることで、言ってみればストレス解消にもなっているわけです。

朝起きたときのすっきりした感じは、ちょうど瞑想で得られる感覚と同じです。

こうして「大いなる存在」に近づくことは、自我を弱めるためにはとても有効です。

もうひとつの方法は、逆に自我の中をとことん生きるということです。

「俺が！」「私が！」という自分自身を抱きしめて、もう遮二無二《しゃにむに》に自我を生きる。

生き切ることです。

そういう人生は、どうしてもいろんな摩擦やストレスを生み、自我はどんどん大きくなっていく。どんどん追い込まれていく。どんどん苦しくなる……。

とことん苦しんで苦しんで、もう自分を支えられないほど苦しんだとき、人間には限界があるから、機が熟した柿のように、自我がポトッと落ちる。

絶望状態で落ちていった奈落の底は、神さまの膝元《ひざもと》だったという話があるけれど、絶望が訪れたときに悟った人もたくさんいます。


どうして生きていけばいいのかがわからなくなったら、今まで通り、その瞬間その瞬間、自分がいちばんいいと思ったことをとことんやればいいのです。

それらのすべては「自分」がやっているつもりだけれど、やっているのはあなたじゃない。

すべては神さまの現れです。

どう見えようと大いなる計画に失敗はありません。

あなたもけっして見放されはしないから、大丈夫。

だって、あなたは「神さま」そのものなんだから。

いろいろ悩みがあってこの本を手に取ったのかもしれないけれど、結局は、あなたは今まで通りのままで大丈夫ということ。めでたしめでたし。

まとめ

瞑想をするか、とことん自我を生き切るか。どちらにしてもあなたがやりたいようにやって正解。

あとがき

なんのために生まれてきたんだろう。なんのために生きているんだろう。なぜ死んでいくのだろう……。こんなことは、誰でも一度は疑問に思ったことがあるのではないでしょうか。

僕がこのテーマに強い関心をもったのは、小学校2、3年頃。たぶん周りの友だちとの違和感があって、自分だけが疎外されているような気持ちをもっていたからだと思います。

この基本的な問いかけに、揺るぎない答えを得たのは30歳になってからでした。

それまでの20年間は、あれこれ目に映った興味ある出来事に埋没しながら、ただがむしゃらに生きてきました。なんのために生きているのかという問いかけも、完全に忘れたわけではなかったけれど、そんなことよりも、目の前に現れる魅力的な異性や、華やかな世界で仕事をするほうが、ずっと大切だったわけです。

あとがき

ところが今思うのは、そういう期間も「目覚め」のためにはなくてはならないことばかりだったということです。

成功して有頂天になったことも、嫉妬と敗北感に苦しんだことも、全部必要なことばかりで、何ひとつ欠けても成り立たない、完璧な筋書きを生かされていたと知りました。

これは僕だけではなく、すべての人に言えることです。

今あなたがどこに住んでいようと、何をしていようと、どんな悩みをもっていようと、その理由は簡単です。

「目覚め」の準備をしているのです。

人が生きている目的は、目覚めることなんですから。

「そんなことない」と思う人もいるかもしれないけれど、そう思うことだってすべては目覚めの準備なんです。

それまでの混沌《こんとん》とした生き方や、無意味に思えるような退屈な日々、すべての瞬間に限りなく深い意味が隠されていたことがわかります。

あらゆる人の人生は、すべて目覚めにつながっています。

あなたの準備が整ったとき、必要なことが起きはじめるでしょう。

そうやってあなたの人生の目的は、着々と進行しているのです。

だからね、気楽に生きましょう。あなたのこの人生の計画に、失敗は絶対にありません。

だから、心配ないのです。

もし、どうしても目の前の苦しみにとらわれて、身動きがとれなくなったときは、ちょっと思い出してみてください。


この悩みは全部、あいつのせいだって。

そう、この道のりを計画した神さまのせい。

あなたがやっていることはまだ途中かもしれないけれど、それで正解です。

そして、目覚めのチャンスは「今、ここ」に用意されています。

阿部敏郎

阿部敏郎（あべ　としろう）

1953年、静岡県生まれ。「いまここ塾」主宰。
20代でシンガーソングライターとしてデビューし、芸能界で多方面にわたり活躍。30歳のとき突然の霊的体験を機に引退。天河神社（奈良県）に奉公した後、方広寺（浜松市）で禅僧と心の学校「いまここ塾」をスタート。2002年、沖縄に移住。現在は全国での講演、瞑想指導、執筆などを中心に活動。人気ブログ「かんながら」はいまだに読者が増え続けている。おもな著書に『大いなるひとつ』（廣済堂出版）、『檻を壊して自由になるためのさとりの一撃』（PHP研究所）など多数ある。

【ブログ「かんながら」】 http://abetoshiro.ti-da.net/

装丁・イラスト　山添創平（FLAT CREATIVE）
編集協力　大西華子
担当編集　真野はるみ（廣済堂出版）
DTP　株式会社三協美術

神さまのせいにすればいい！

すべての悩みから解放される究極の方法

2017年3月29日　第1版第1刷

著　者　阿部敏郎
発行者　後藤高志
発行所　株式会社 廣済堂出版
〒104-0061 東京都中央区銀座3-7-6
TEL　03-6703-0964（編集）
03-6703-0962（販売）
FAX　03-6703-0963（販売）
振替　00180-0-164137
URL　http://www.kosaido-pub.co.jp

印刷・製本　株式会社廣済堂

定価はカバーに表示してあります。
落丁、乱丁本はお取り替えいたします。

ISBN 978-4-331-52085-7 C0095